政府会计改革研究

RESEARCH ON GOVERNMENTAL ACCOUNTING REFORM

李永珍　董雪艳　胡继连　著

中国农业出版社

摘　要

政府会计改革既是财政管理领域的一项基础性工作，也是公共财政建设的重要组成部分。本书在深入探讨了我国政府组织内、外环境对政府会计的影响，分析现行政府预算会计缺陷的基础上，提出了改革现有政府预算会计、建立适应新环境的政府会计的设想及具体改革建议。

会计目标是人们利用会计系统希望达到的境界和结果，决定会计系统的运行方向。在现实社会中，政府和市场都是资源配置的手段，政府资源配置的目的是为了履行政府职能，即向社会提供公共产品和服务，以满足社会公众的公共需要。相对于社会公共需求而言，政府掌握和控制的资源是有限的，要更好地履行政府职能的关键是提高政府资源的配置绩效。

一方面，政府会计通过提供政府履职资源流动、分配和配置的信息，为政府提供公共产品和服务的决策提供信息支持，以便提高政府履职绩效。因此，本项研究将优化资源配置、提高政府履职绩效作为政府会计的终极目标，并以此为导向对我国政府会计改革进行理论研究。

另一方面，社会公众和政府以及政府内部都存在着广泛的委托代理关系，根据理性人假定，受托方可能由于掌握充分信息的优势、追求自身利益最大化，出现道德风险和逆向选择，损害委托人的利益。因此，政府会计的终极目标难以自动达成。社会公众作为委托人有权了解政府受托责任的履行情况，政府会计的对外报告责任因此产生。委托人需要通过受托人的对外报告所提供的信息对受托人进行绩效评价，了解和监督政府职能的履行情况。在相应的外部监督机制下，内部受托人利用政府会计提供的相关信息进行绩效管理，来实现对委托人的责任，并通过对外报告来反映和解除这种受托责任。因此，本项研究将对外报告政府履职信息，满足外部信息使用者的需要，解除政府受托责任作为政府会计的基础目标，并以此开展我国政府会计改革的研究。

基础目标与终极目标是相辅相成的，政府会计目标的实现首先依赖于政府会计系统对外报告的反映、监督，最终依赖于对内绩效管理的信息支持，因此，我国政府会计的“报告目标”是基础，“管理（控制）目标”是终极目标的实现手段。同时，“报告目标”是外因，“管理（控制）目标”是内因，外因要通过内因才起作用，但由于委托代理关系的客观存在，委托人的要求即“报告目标”，作为政府会计改革的外部因素，在政府会计终极目标的实现中起基础性和关键性作用。

在政府会计提供信息的对外报告目标和管理（控制）目标的双导向下，政府会计信息系统提供的信息质量制约着对外报告和对内绩效管理双重作用的发挥，最终影响政府会计终极目标的实现。可靠、相关、透明、完整的财务信息是政府会计目标实现的基础，因此，有效的政府会计核算体系是政府外部监督和内部管理（控制）的基础。

政府会计核算的目的是为了提供符合质量要求的财务信息。进行会计核算需要解决在什么范围内核算、核算什么以及如何核算的问题，即政府会计核算主体，核算对象及要素，以及会计处理基础等问题。首先，需要确定会计核算的空间范围，界定核算范围有两种方法：一种是权益理论中的主体理论，把组织界定为核算主体，能够有利于内部管理和控制，提高核算的有效性；另一种是权益理论中的基金理论，把组织中有特定用途的基金作为主体单独核算，能够有利于反映特定受托责任。本书认为政府会计的终极目标是提高政府资源配置效率，促进政府绩效。以组织作为核算主体，更能体现政府目标，同时对限定性用途很强的基金应单独核算，以促进政府行为的合规性。因此，本书认为我国政府会计应实行双主体，以政府组织和政府组织中具有限定性用途很强的基金同时作为会计主体。

政府履职过程中，会发生相应的经济资源耗费，政府会计核算对象应涵盖这一过程中能够货币化计量的全部经济资源流动及结果；同时，根据政府所承担的受托责任的变化与履职过程中经济资源流动的关系来划分政府会计核算要素。政府履职绩效包括行为的合规性和结果的绩效性，其中合规性是基础。在政府会计要素中，设置货币性收支要素及权责发生制收入和费用要素，两种要素同时并存，能够全面反映政府履职绩效，以实现对我国政府会计处理基础的改进。在货币性收支中，设置预算内收入、预算外收入和其他收入及相应的支出，把预算收支执行信息包含于政府会计之中。在一套政府会计系统中，既提供权责发生制（或修正的权责发生制）下的财务会计信息来反映政府履职耗费，又提供预算执行情况信息反映政府实际收支，实行一套系统两套报告。同时，根据政府会计要素的确认时期与会计处理基础之间的关系，我国政府会计处理基础应实行双基础同时并存以提供不同的信息，其中，权责发生制的应用应结合我国实际情况实行渐进式改革，逐渐把更多的资源和负债纳入到政府会计的核算体系中。

政府对外报告对政府会计终极目标的实现起着至关重要的作用。本书从公众作为委托人的权利以及政府会计披露的责任角度出发，理论上界定政府会计的披露主体应是各级政府整体及履行政府具体职能的部门或单位，披露的内容应包括政府履职的全部合规性信息及绩效信息。通过分析我国间接民主制度的现状，建议采取政府财务报告强制制度，并通过政府财务报告审计鉴证制度，提高政府对外报告的信息质量，增强可理解性。最后，根据信息使用者绩效评价的信息需求，设计了我国政府会计各报告主体的报表体系和内容。根据报告制度实施的迫切性和难易程度，建议我国政府对外报告制度可采取从下至上、从部门到政府整体逐渐推进的改革进程。

目　录

摘要

1　导论 ………………………………………………………… 1

1.1　选题背景及问题的提出 …………………………………… 1
1.2　国内外研究综述 ……………………………………………… 8
1.3　研究的方法、视角及内容 ………………………………… 25
1.4　研究范围界定……………………………………………… 29
1.5　研究的创新及有待继续研究的问题 …………………… 34

2　政府会计研究的基本理论 ………………………………… 37

2.1　委托代理理论及受托责任理论 ………………………… 37
2.2　新公共管理、新公共服务理论 ………………………… 47
2.3　政府绩效的相关理论 …………………………………… 50
2.4　会计理论体系的基本架构 ……………………………… 57

3　我国政府会计改革动因及影响分析 ……………………… 63

3.1　会计发展演进的动因分析 ……………………………… 63
3.2　我国政府会计发展改革的内在动因及影响分析 ……… 68
3.3　我国政府会计改革的组织外环境动因及影响分析 …… 80
3.4　我国现行政府预算会计的现状、不足与改进 ………… 88

4　我国政府会计目标的定位…………………………………… 104

4.1　关于会计目标定位的理论研究 ………………………… 104

4.2　我国政府会计的职能及目标界定 …… 111
4.3　我国政府会计目标和政府财务报告目标的定位 …… 116

5　受托责任解除、绩效评价及我国政府会计信息内容和质量要求 …… 127

5.1　我国政府组织中的受托责任分析 …… 127
5.2　绩效评价、政府履职信息的高透明度及政府外部监督 …… 137
5.3　我国政府会计信息质量特征要求的改进与构建 …… 141

6　我国政府会计主体确定、要素划分及处理基础的选择 …… 149

6.1　我国政府会计记账主体和报告主体的确定 …… 149
6.2　我国政府会计核算对象与核算对象要素的改进与重构 …… 164
6.3　我国政府会计处理基础选择 …… 176

7　我国政府会计信息披露制度设计 …… 185

7.1　我国政府会计信息披露主体与披露对象确定 …… 185
7.2　我国政府会计信息披露的内容及方式 …… 191
7.3　我国政府会计报告体系及内容设置 …… 195
7.4　我国政府信息披露制度的重构 …… 200

8　主要结论及改革的政策建议 …… 205

8.1　研究结论 …… 205
8.2　政策建议 …… 207

参考文献 …… 209

1 导　　论

本章首先介绍选题的背景、动机及意义。其次，通过对国内外研究成果进行综述，提出本书的研究视角、研究方法及技术路线，确定本书的研究范围及内容结构。最后指出本书的创新之处及进一步研究的方向。

1.1 选题背景及问题的提出

会计产生于人类社会的生产实践，并随着人类社会生产实践的发展而变革。会计总是处于一定的政治和经济的外界环境之下，政府会计也是如此。经济状况变化对政治因素、法律因素以及社会文化方面都一定的影响，这些因素的变化又会对会计理论和实践产生重大的影响。

影响会计演进的因素分为组织外环境因素和组织内环境因素。对于政府会计而言，组织内环境因素包括政府会计系统内部政府组织的目标、政府资源的来源、政府组织结构特征以及政府组织结构导致内部控制的特征（王晨明，2006）。而组织外环境因素包括政治、经济、法律、社会、科技等政府组织赖以存在的外部环境。对于我国的政府会计来讲，组织外环境又可分为国际环境和国内环境。随着政府组织内外环境的变化，政府会计也会相应的发展演进。

1.1.1 我国政府组织外环境变化及其影响

（1）国际环境变化及影响。近年来，国际环境发生了巨大变化。如国际范围内的新公共管理运动、经济全球化、国外政府会计改革实践以及席卷欧洲国家的债务危机，这些外在环境因素的变化对我国政府会计改革理论及实践产生很大影响。新公共管理运动主要是以追求“3E”（Economy，Efficiency，Effectiveness）为目标，对公共管理部门进行改革的运动。该运动自20世纪70至80年代起源于英国、美国和澳大利亚之后，迅速扩展到加拿大、荷兰、瑞典、法国等国家。进入90年代以后，一些新兴工业化国家和发展中国家，如韩国、菲律宾等国也加入了政府改革的大潮。新公共管理运动强调政府绩效，通过在政府管理中引入工商管理技术，借鉴私人部门的管理方法，由重投入、重规章的管理转移到重产出、重结果的管理，以增强政府对社会的回应性，实现对公民的责任。实施新公共管理运动的国家强调以绩效为导向进行政府变革，政府会计也随之发生相应的改变。

“经济全球化”的概念是由经济合作与发展组织（Organization for Economic Co-operation and Development，OECD）的前首席经济学家S·奥斯特雷提出的。他认为“经济全球化”主要是指生产要素在全球范围内的广泛流动，实现资源最佳配置的过程。经济全球化对政府会计的影响主要包括提供信息的国际可比性、会计研究的国际化等。

20世纪70年代末期以来，西方政府面对政府支出的持续增长、政府债务负担的增加以及因此导致的财政风险问题，在政府会计上相继进行改革，如新西兰、澳大利亚以及美国、英国、法国、德国等诸多国家通过完善政府会计准则体系，提供权责发生制处理基础下的能真实反映政府活动和效率情况的会计信息，并以此作为政府监督和管理的信息依据。西方政府会计改革实践对我国政府会计具有一定的比较和借鉴意义。

2008年起，希腊等欧盟国家相继发生的主权债务危机为世界各国政府敲响了警钟，如何能提前防范和化解债务危机越来越被各国政府所重视。政府会计系统通过提供政府真实完整的财务状况信息及履职信息，在信息使用者提早了解和防范财政风险方面，能起到重要的作用。

（2）国内环境影响。随着我国市场经济地位的确立，市场成为资源配置的基础性手段。同时，我国的经济管理体制、所有制结构、经济发展水平以及资本市场、经济国际化因素等方面发生了很大变化。经济基础决定上层建筑，经济因素变化也导致了其他方面发生相应的变化。法制化方面，我国法律制度逐渐健全，政府行为同样受到法律的制约。在政治和社会文化方面，随着改革开放的深入、高校的扩招，人民的知识水平和民主权利意识逐渐加强，对政府信息公开的呼声越来越高。

1.1.2 我国政府组织内环境变化

近年来，在组织外环境影响下，我国政府组织内环境也发生了很大变化。由于确立了市场经济地位，我国政府在财政体制方面发生相应的改革，政府职能发生了巨大转变。同时，加入WTO、建立绩效型政府等一系列变化，使我国政府会计的组织环境发生了很大变化，必然要求政府会计也发生相应的改革，以适应政府组织内外环境变化所带来的影响和需求。

（1）我国公共财政体制建设及财政管理体制的改革。随着我国社会主义市场经济体制的建立和完善，1998 年，我国政府正式确立了建立公共财政体制框架的目标。党的十六大明确提出我国要进一步完善市场经济体制，新一届政府提出“立党为公，执政为民”的执政纲领和建立透明政府、绩效政府的目标。公共财政具有以下特点：财政职能以市场失效为经济依据进行定位，财政支出以公共需要为前提进行定位，财政收入以公共权力作为定位的法律依据，政府财政决策以公共选择理论作为定位依据。因此，公共财政的建立要求政府职能范围重新界定，建立以市场配置为基础，以政府资源配置为补充，来共同实现资源的最佳配置效率。在政府支出方面应以满足人民的公共需要为目的，提供相应的公共产品和服务。在政府财政收入的取得方面必须以立法机关授予的公共权力作为法律依据。同时，政府财政决策应以公共选择理论作为依据，而公共选择理论的依据之一就是纳税人对政府所提供的公共产品和服务的客观评价。充分而真实的相关信息是制定决策的关键。公共财政体制要求真实、完整地提供政府会计信息，以满足信息使用者和决策者的需求。因此，公共财政的建立要求政府会计能够正确地确认、计量、记录、报告政府的履职活动成本及相应的耗费补偿，以反映政府的客观活动。强调公众权利、政府责任的政府会计体系，有助于公共财政体制的建立和发展，同时也是公共财政的体现。

为了适应我国公共财政体制的建立，更好地履行职能，提供公共产品和服务以满足公众的公共需要，自 21 世纪初期开始，我国财政管理体制开始进行重大改革，改革的措施包括实施政府部门预算、国库集中支付制度、预算外资金的收支两条线管理、政府采购制度、政府绩效评价以及参照国际惯例改革政府预算收支科目等，这些改革都对我国政府会计提出了新的要求。党的十六大提出我国政府改革的主要目标是“进一步转变政府职能，改进管理方式，推行电子政务，提高行政效率，降低行政成本，形成行为规范、运转协调、公正透明、廉洁高效的行政管理体制”。2005 年 10 月召开的十六届五中全会进一步强调了“要着力推进行政管理体制改革”。转变政府职能成为行政管理体制改革的中心（程祥国、韩艺，2007）。2007 年的《政府工作报告》非常鲜明地提出要打造“公共服务型”政府的重要理念。政府职能的转变和绩效型政府的建立目标，要求政府会计提供政府履职的全部信息。政府会计作为公共财政管理领域的一项基础性工作，也应为公共财政管理改革发挥重要作用。

(2) *面向 WTO 的我国政府改革*。2001 年 12 月 11 日，中国正式加入 WTO，成为世界贸易组织的一员。WTO 规则被称为“国际行政法典”，涉及各国共同承诺的有关货物贸易、服务贸易、知识产权保护、投资措施等广泛领域的规则，其核心理念是体现“公开、公正、公平”。作为WTO的一员，在行为方式选择上必须体现经济全球化的要求，这就要求我国政府进行角色置换，实行政务公开，即有关经济、法律、政策的各方面数据，包括技术数据和程序数据等将进一步公开（罗辉等，2002）。世界贸易组织要求我国与国际市场全面接轨，这就要求政府信息和国外接轨。如何按照世界贸易组织的规则要求，改革政府的管理模式，塑造一个充满生机与活力的政府，成为我国政府的迫切任务。政府会计作为政府经济活动信息的确认、计量、记录、报告应反映和服务于政府，做到信息口径一致，才能够符合国际比较的要求。

1.1.3 研究目的和意义

1.1.3.1 研究目的

近年来，我国政府会计组织内外环境发生了很大变化：国内经济快速发展导致财政收入持续增加，政治、法律环境逐渐完善，社会教育程度逐渐提高，民主意识加强；国外大环境中，新公共管理运动、政府会计改革实践、债务危机等相继发生。和组织外环境相适应，我国政府组织自身职能、运作方式、财政管理体制也发生了重大变化，这些都对我国政府会计提出了新的要求。我国政府部门预算、收支两条线管理、政府采购制度、财政监督等公共财政体制改革要达到预期的改革效果，需要相应的政府会计信息作支撑。

2003年7月，中华人民共和国审计署发布了《审计署2003至2007年审计工作发展规划》，这份纲领性文件描绘出我国绩效审计的发展前景：“实行财政财务收支的真实合法审计与效益审计并重，逐年加大效益审计分量，争取到2007年，投入效益审计的力量占整个审计力量的一半左右”。2004年7月30日，我国人事部推出“中国地方政府绩效评估体系”。由此可见，建立绩效型政府已成为政府发展的趋势。政府会计如何为绩效型政府的建设提供信息基础，成为政府会计改革的方向。

2012年4月16日，《求是》杂志发表中共中央政治局常委、国务院总理温家宝的重要文章：《让权力在阳光下运行》，文中提出“政府要自觉接受人大监督和人民政协民主监督。加强政府层级监督，加大行政监察和审计监督力度。自觉接受人民群众和社会监督，尊重并依法保护公民、法人和其他组织的监督权”[①]。政府会计核算和反映政府履职过程中的财务信息，通过对内、对外提供财务信息，有利于政府监督机制的建立，对于我国绩效型政府的建设有着重要的作用。

政府会计内外环境因素的变化对我国的政府会计改革有很大的影响。要真实、完整地提供政府会计信息，满足信息使用者的需求，有利于公共财政体制下服务型政府、绩效型政府的建设，需要改革现行预算会计制度，建立适合我国国情的政府会计体系。但“政府会计改革和政府会计准则建设，应当理论先行，能使我国政府会计改革有的放矢，少走弯路，才能使我国政府会计标准的制定和政府会计改革能够真正解决我国实际问题”（刘玉廷，2004）。

近年来，各国政府和学术界对政府绩效评价的努力从未间断过。然而，如何利用政府会计系统为政府绩效评价提供支持，如何在政府绩效评价体系中引入定量会计信息，学者们却鲜有研究（张琦，2006）。另外，在政府会计改革的过程中，政府会计如何能促进政府绩效管理，提高政府的绩效，也很少有系统性的研究。本书的目的是在建立绩效型政府的过程中，建立以绩效[②]为

① 温家宝．让权力在阳光下运行［EB/OL］．（2012－04－16）［2012－05－01］．http：//cpc.people.com.cn/GB/64093/64094/17660008.html.

② 该处的绩效，包括政府的监督绩效治理、绩效管理、绩效评价等以提高政府绩效为目的的一系列机制。

导向的我国政府会计，理顺政府绩效、政府会计与政府承担的公共受托责任三者的关系。通过研究政府如何为外部委托人提供有利于政府绩效评价的信息来履行监督权力，政府会计如何为内部绩效管理提供有用信息，为我国政府会计改革和政府绩效的提高寻求一个可供选择的切入点，从理论上分析如何改革我国现行政府预算会计，建立符合我国国情的政府会计体系，并提出相应的政策建议。

1.1.3.2 研究意义

目前，我国有关的正式文件中还没有出现过政府会计这一称谓，而沿用的是已经使用了半个多世纪的“预算会计”。同时，我国目前的预算会计不能成为真正意义上的政府会计，只是政府会计的一部分，因而，我国目前的政府会计是不全面的。

一个健全的政府会计体系是国家制度基础的重要组成部分（陈立奇，2009）。正如 B. J. Reed 和 J. W. Swain（1996）认为，政府会计是所有公共管理中最基础的技术，它与法律（提供规则、授权或限制）、政治环境（制约预算程序）和组织安排一起构成公共财政管理的基础。政府的资金属于公共资金，运用公共资金的目的应是提供市场无法提供的公共产品和服务于公众的公共需求。保证财政廉洁是政府会计体系的一项极其重要的作用，有效的政府会计能使政府财政管理平稳发展，而且提供事前预防和事后督查财政不当行为的审计线索。用政治学家卡尔（Karl Deutsch）的话说，政府会计体系实际上是“政府的神经系统”，就像在企业中会计能够有效的通过核算来监督企业的资金运动，提高资金的运用效率一样。政府会计也是政府财政资金的管理中心和控制中心，好的政府会计体系至少能保证财政账目的准确性，更好的政府会计体系能有效地指引决策者和管理者事前关注有问题的领域，最佳的政府会计体系为决策者提供有用的信息来实现政府目标，达到政府资源的最佳配置和使用，实现政府职能，更好地满足人们的公共需求。

我国政府会计改革是公共财政体制改革的要求，是建立绩效型政府的基础。政府会计改革需要一定的前瞻性和预见性，应充分考虑环境对政府组织的要求，将政府会计、政府绩效乃至实现社会目标联系起来，使政府会计能够有助于促进政府绩效的提升。当前对政府会计的研究，多从政府会计概念框架及改革模式方面进行研究，从政府会计的本质及政府会计与政府履职绩效的关系着手系统研究得较少。因此，本书从政府会计的本质开始，分析政府会计的本质、职能和政府绩效之间关系，认为政府会计的本质是提供政府履职活动财务信息的信息系统，通过政府会计信息系统，对外提供政府履职的相关信息，接受委托人的监督，对内通过核算和监督，并实施适当的控制，以提高政府的绩效。这种研究方案具有一个全新可行的研究视角，具有一定的理论意义，而且这一研究成果的应用对于增强政府部门的公共受托责任意识、改善和提高政府绩效、推动公共服务型政府的建设，具有现实意义。

本书通过分析影响我国政府会计演进的因素，从政府会计的基础理论出发，构建以我国政府会计终极目标为导向的政府会计应用理论，并根据影响政府会计改革的具体因素，提出我国政府会计改革的相应建议，中间分析过程运用管理学、公共经济学等多学科理论进行分析，具有一定的理论和现实意义。

1.2 国内外研究综述

自 20 世纪 80 年代开始，随着新公共管理运动在西方国家的兴起，政府会计改革成为当前公共管理领域最热门的话题。经合组织中的许多国家对本国政府预算和会计进行不同程度的改革，国内外学者也对政府会计改革相关理论及实际问题进行了大量研究。

1.2.1 国外政府会计研究现状

1.2.1.1 国外政府会计改革的背景及影响因素分析

Lüder（1992）通过对部分欧洲国家政府会计改革实践进行研究，提出政府会计改革的可能性模型，用社会、政治和管理等因素来分析对政府会计变革的影响。模型中包括改革激励因素、信息供给者政治结构变量、信息使用者的结构变量以及实施障碍。通过调查研究，Lüder认为改革的激励因素主要来自财政/经济危机、财务丑闻、政府财政管理的分权化和维护公共部门的声誉等四个方面，这些具体刺激因素诱发了对政府会计变革的要求。

除此之外，国外学者对政府规模及资本市场对政府会计改革的推动作用也进行了研究。如Baber（1983），Evans和Patton（1987）认为政府规模的增长与政府会计改革相关。随着地区人口的增加，政府的税收和其他的收入不断升高，政府的责任也随之增加，政府履行责任过程中对于资源的管理难度也随之增强。在这种情况下，客观上需要建立控制系统，以降低委托人的监督成本。因此，拥有更多人口、更多资源的政府，将被预期产生更好的报告、接受更多的审计，更需要进行政府会计改革。Ingram（1984）认为资本市场越完善，政府资金则越多的来源于债券市场，政府将有动机推行政府会计改革作为有质量财务管理的特征，以促进信用评估，从而能够以更低的利息取得债券资金。

1.2.1.2 关于政府会计改革的理论研究

（1）关于政府会计定义的研究。根据国际会计委员会的定义，政府会计是指用于确认、计量、记录和报告政府和政府单位财务收支活动及其受托责任履行情况的会计体系。

美国财政学家B. J. Reed与J. W. Swain认为，公共部门会计是指对在预算执行阶段发生的财政行为进行记录。在这一阶段形成的对预算收支的记录，是评估预算执行结果、准备下一轮预算编制以及预算执行过程中财政决策的基础。

法国在1962年8月颁布的有关法律将其表述为："公共会计记录行政部门（国家、地方政府和行政事业单位）的账目……公共会计的目的是为能了解和控制预算和资金流动的步骤、财产状况、成本和年终结果。公共会计与企业会计一起构成国民会计的一部分"。

（2）关于政府会计的目标的研究。关于会计目标的研究方面，目前有决策有用学派、受托责任学派以及融合学派，主要有以下观点：

政府会计的目标是决策有用。这种观点认为政府及单位编制财务报告的目的是为使用者提供决策需要的信息。如美国政府会计理事会（National Council of Governmental Accounting，NCGA）在1982年1月发布的第一号概念公告《政府单位会计与编制财务报告的目标》，认为政府财务报告的全面目标是为信息使用者提供决策依据。澳大利亚会计准则委员会（Australian Accounting Standards Board，AASB）的《会计概念公告第1号》（1990）认为，报告主体的确定应以使用者信息需求为导向。

政府会计的目标是解除受托责任。如国际会计师联合会（International Federation of Accountants，IFAC）下设的国际公共部门会计准则委员会（International Public Sector Accounting Standards Board，IPSASB），在1991年3月公布的第1号研究公告《中央政府的财务报告目标》中认为："财务报告应当证实政府或单位对财政事务和信托资源的受托责任"。政府承担的公共受托责任源于民主社会制度的建立。美国联邦会计准则咨询委员会（Federal Accounting Standards Advisory Board，简称FASAB）认为受托责任是政府会计与报告的基本价值取向。持有此观点的学者如Cyert和Ijiri（1974）、Davis等（1989）、Hyndman和Anderson（1995）、Ryan（2000）等都认为，对公共部门而言，年度财务报告是解除公共受托责任，特别是财务受托责任的重要渠道。

有学者对政府的受托责任进行了深入研究。Cutt（1984）以分层的方式对公共受托责任的内容进行了界定，他将公共受托责任分为三个层次：最低层次的公共受托责任是“财务与资金信托受托责任”，这个层次的受托责任主要关注实际支出的数额与程序，关注投入，但不重视产出与成果；第二个层次的公共受托责任是“效率受托责任”，它关注产出与成本之间的比例关系；最高层次的公共受托责任是“效果受托责任”，它指一个机构完成特定事项与预设目标之间的符合关系。R. J. Freeman 和 C. D. Shoulders（1993）从会计角度认为：政府的财务受托责任是指各项收入来源或债券发行取得的财务资源，应按照其运营方面的限制来使用、依从预算、有效运营财务资源和资本资产的保全等方面的责任。J. D. Stewart（1984）对政府承担的公共受托责任进行了全面的研究，提出五个层次的内容：政策受托责任、项目受托责任、绩效受托责任、过程受托责任、完整性及法律受托责任。Hood（1995）等从政府行为多元化方面认为：政府信息披露机制应既提供定量信息，也提供定性信息，单纯依靠量化系统（如国民社会统计系统或政府会计系统等）难以完全满足选民对政府公共受托责任履行情况的信息需求。因此，为了完整地反映政府的受托责任，应从定量、定性两个方面来进行披露。

以上决策有用观及受托责任观的两种政府会计报告目标所需要的信息是不同的，Gesdal（1981）认为如果把受托责任作为财务报告的首要目标，那么财务报告应强调“硬化（harder）”的数据，强调真实客观，减少有争议和可调整的信息，在这种会计目标下应尽量较少运用应计和摊销概念。而决策有用观要求信息具有一定的可预测性，符合决策需求。美国政府会计准则委员会（Government Accounting Standards Board，GASB）在 1987 年 5 月公布的第 1 号概念公告认为受托责任是基本目标，它生成了第二个目标——提供对做出有关受托责任的决策有用的信息。Gesdal 的观点使强调推行权责发生制的 GASB 在其 1990 年的概念公告中指出，政府财务报告目标应在受托责任目标和决策有用目标两者间进行权衡。

（3）关于政府会计的核算基础的研究。政府会计核算基础影响着政府会计提供信息的质量。在对政府会计处理基础的选择方面，西方政府和专家学者做了大量的探索和研究。研究者认为政府会计改革中，为了适应新公共管理，增加财政透明度，应引入权责发生制（Kenneth Clarke，1993；Andrew Likierman，2001；Diamond，2002；OECD，1993；IAFC，2000）。

从政府承担受托责任角度，Dvavid Loweth（2001）认为，预算过程是政策制定者与管理者之间建立受托责任的关键，所以预算中计量和反映成本的方法会极大地影响对管理者的激励。权责发生制对于政府的受托责任的评估与解除有很大的必要，收付实现制和修正的收付实现制也有必要的作用（Tom Allen，2002）。权责发生制财务报表提供了关于组织效率和效益的更好的度量和评价，减少了欺诈和腐败的机会（Sarath Lakshman Athukorala，2003）。

在西方政府组织对权责发生制的研究应用中，美国政府采取传统现收现付制的预算基础和政府会计中权责发生制相分离，两种处理方法并存的改革。英国中央政府从 1993 年开始正式实施了权责发生制会计改革，在中央政府的各个部门采用实施权责发生制基础的“资源会计与预算”。澳大利亚政府的会计改革相对激进，也更为彻底，在《澳大利亚会计准则》的 27 号、29 号与 31 号准则，分别规范地方政府财务报告、政府部门财务报告与政府整体财务报告的编制，并要求完全采用与企业相同的权责发生制基础。

国际会计师联合会（IFAC）在 1986 年设立了公共部门委员会（Public Sector Committee，PSC），从 1996 年开始制定《国际公共部门会计准则》（International Public Sector Accounting Standards，IPSAS）工作，截止2011年4月，共发布了31项基于权责发生制的IPSAS，1项基于收付实现制的IPSAS《收付实现制会计基础上的财务报告》。

（4）关于政府会计准则制定组织的研究。为了提高政府会计信息的可比性和有用性，Patrick F. Hardiman（1989）深入研究了应该由什么组织主导政府会计准则制定这一问题。Hardiman认为由GASB和FASAB制定的政府会计准则管辖范围之间存在着明显的冲突，提出可供参考的方案：合并FASAB和GASB，统一制定会计准则；或者对两个委员会分别做出调整、使之继续并存。

（5）关于政府会计体系完善的研究。政府会计是一个系统，只有整个系统完善才能有助于提高政府绩效，全面评价和反映受托责任。如Allen Schick（1996）在对新西兰政府会计改革进行评估时指出，政府会计需要加强战略能力，同时，政府官员受托会计责任所包括的不仅仅是明确的结果，还要考虑价值、判断和领导能力。Graham Scott，Ian Ball和Tony Dale（1997）认为，要有与机构改组、动机、人力资源、权责发生制、预算和报告等一致的框架，才能够帮助整个政府会计改革的各个方面，使它们能够相互加强，促进政府整体绩效的提高。

1.2.1.3 政府绩效与政府会计关系方面的研究

国外很多学者通过研究认为，有效的政府会计能够反映、监督、促进政府绩效，政府会计与政府绩效管理有密切的关系。

有效的政府会计能够促进对政府绩效的反映和评价。如R. E. Brown，T. P. Grallagher和M. C. Williams（1982）认为，为了满足信息使用者的需要、全面系统地反映政府绩效及受托责任，应该建立一套这样的信息报告系统：包括财务、合规、效益与效果方面的信息；将会计的与非会计的、财务的与非财务的信息加以合并和整合；满足大部分或所有使用者在宏观和微观上对信息的需求。Bromwich（1990），Mwita（2000）等学者们的研究表明，政府绩效主要包括政府履责的整体能力、投入-产出与效率、成果（或效果）三个方面。政府会计能够提供信息来反映和评价政府绩效，促进政府绩效管理。Phillips（2004）等学者认为，定量绩效信息的缺乏已成为制约绩效评价理论与实务发展的瓶颈，脱离数据支持的评价体系无法准确地反映政府公共受托责任的履行情况。而政府会计恰好能弥补绩效评价体系的上述不足，政府会计系统能最大可能地解决现有政府绩效评价体系缺乏定量信息的瓶颈问题。

良好的政府会计有利于解决委托代理关系中信息不对称问题，促进形成良好的绩效治理机制。Arthur Andersen（1986）和 Pollitt（2000）认为政府会计应以企业会计作为基准，这种的财务分析体系能有效地为政府绩效评价提供支持，从而监察公共部门的委托代理问题。Alex Matheson（2002）认为，从表面上看，会计及其他预算改革像是技术问题，然而，健全的预算和会计实务对于一国的经济增长有着深远的影响，同时也是良好治理结构的关键要素，如果没有相应的政府会计变革，基于绩效导向的公共管理改革就无法取得成功。

1.2.2 国内政府会计研究的现状

1.2.2.1 关于政府会计的理论研究

与国外政府会计研究相比，我国政府会计研究起步较晚。近年来，由于我国经济、政治、文化、法律环境的变化和国际上政府会计改革的推动，使得越来越多的中国学者关注这一问题，政府部门也在积极寻求适合中国国情的政府会计改革之路。

（1）关于政府会计定义及体系的研究。有的学者从我国现行预算会计存在的不足出发进行研究，如刘炳炎（1982）提出，现行预算会计中预算数不正式列入账簿，未免名与实不一致，因此不如改用“政府会计”这个名称。这是在期刊网上最早涉及政府会计的文章。另外，我国学者王雍君（2004）对政府会计则定义为：用以对公共部门的财政交易或事项进行计量与记录，并将记录的结果报告给公共信息使用者的信息系统。

刘玉廷（2004）也认为，现行预算会计制度不同于政府会计体系，从严格意义上讲，我国目前还没有能够全面反映政府经济资源、现时义务和业务活动全貌的政府会计体系。

另外，有些学者从与企业会计体系相对应的角度，对我国政府会计进行研究。荆新（1997）认为，为了与企业会计相区别，广义的非营利组织会计应包括政府会计和其他非营利组织会计；将财政总预算会计和行政单位会计统称为政府会计。从该方面进行研究的还有丛树海（1997），他主张将我国原有的预算会计体系，重新划分为政府会计和事业单位会计（或简称事业会计、单位会计）两个部分。由此形成我国整个会计体系及其三个组成部分：政府会计、事业会计（单位会计）、产业会计（企业会计）。其中，政府会计由财政总会计（或称预算会计）和行政机关会计（或称机关会计）组成。

（2）关于政府会计或政府财务报告目标的研究。我国学者通过对我国政府财务报告目标进行研究，认为我国政府财务报告目标是最高目标，即有助于评价受托责任（赵建勇，2002）；认为政府财务报告应该提供一系列国家资源及国有资产的信息，来界定受托责任，反映一级政府、政府机构或部门的综合财务状况，利于监督检查（陈志斌，2003）。陈小悦、陈璇（2005）认为在公共财政体制下，政府会计目标在于实现政府履责的高经济透明度；而政府财政透明度的核心就是要求政府定期向公众提供全面并且真实的财政信息（程晓佳，2004）。

另外，陈立奇、李建发（2003）从政府的受托责任层次出发，认为政府会计有三个层次的目标。基本目标是保护公共财政资金的安全，中级目标是促进健全的财务管理，最高层次的目标是帮助政府履行公共受托责任。贝洪俊（2004）以公共受托责任为逻辑起点来构建政府会计三个层次的目标，并把目标作为我国政府会计改革的出发点。持同样出发点的还有裘宗舜（2004），他认为公共受托责任是政府会计与财务报告目标的逻辑起点，新公共管理对财政绩效的重视，要求以绩效为导向编制财务报告，并以应计制作为会计核算和财务报告的基础。路军伟、李建发（2006）认为，我国政府会计改革应立足于我国公共受托责任的现实，并兼顾公共受托责任与政府会计改革的国际大趋势。

（3）关于政府会计的概念框架及模式的研究。叶龙（2003）在其博士论文《新公共管理体制下政府会计理论体系研究》中，提出了“我国未来的政府会计模式应当是‘双主体、双目标、双要素、双基础、双报表’的双元模式”的观点。

路军伟（2007）在其博士论文中根据我国政府承担公共受托责任，认为应建立基于公共受托责任下的我国政府双轨制会计体系，该体系包括政府财务会计和政府预算会计。

杨亚军（2011）根据公共受托理论和基金理论，通过分析我国政府会计环境的影响和国外政府会计改革的实践，从财务报告目标、会计记账主体、会计信息质量特征、会计基础的两种混合使用、财务会计两套要素以及报表体系方面建立了我国政府财务会计的概念框架。

1.2.2.2 关于我国目前政府会计改革的研究

（1）关于我国政府会计改革导向的研究。关于我国政府会计改革的导向问题，学者们分别从不同角度做了大量研究。

从政府负债风险控制的角度，邢俊英（2006；2007）以政府会计提供政府负债风险控制所需信息为出发点，分析了政府负债风险控制对提供政府负债信息载体的政府财务报告和决定政府负债信息质量的政府会计基础的影响，从政府风险控制方面提出了我国政府会计改革的方向。

从完善政府财务报告的角度，李建发（2001）在《论改进我国政府会计与财务报告》中认为，我国各级政府至今还没有编制过一份全面完整的政府财务报告，政府财务报告作为反映政府财务活动的信息系统，应当根据我国政府的职能和政府财务活动的内容，全面完整地反映政府财务活动情况和结果，真正建立具有中国特色、符合中国国情的科学规范的财务报告体系，保证政府向社会公众提供的财务信息的真实性和完整性。

从解除财务受托责任改革方面，张国庆（2002）提出，为了让人民代表大会和纳税人等政府会计信息的外部使用者能够全面正确地评价政府财务受托责任的履行情况，同时，也为了政府能够全面完整地解除对人民代表大会和纳税人等信息使用者的财务受托责任，政府会计规范应当对财务报告规范事先作出详细明确的规定。

从公允价值计量改革方面，杜雁（2006）《基于公允价值的我国政府会计》认为，公允价值是市场经济发展的必然选择，探讨建立基于公允价值的我国政府会计。

从信息使用者需求导向改革方面，李建发、肖华（2004）从政府会计报告主体内部管理的需要出发，提出改革政府财务报告应促进公共（部门）财务管理水平的提高，并推动政府对外财务报告的改进。黄志霞（2004）认为我国政府财务信息披露也应以对政府部门、立法机关和审计部门的决策有用为导向。张慧（2006）明确提出了在需求导向下对政府会计信息披露进行改革，把政府会计信息披露的目标定位在提供对信息使用者决策有用的信息。王庆东、常丽（2007）提出我国政府财务报告的“双重导向观”，兼顾外部信息使用者的需求和内部控制以及国家宏观经济管理的需要。

从建立政府会计准则体系框架改革方面，陈立齐（2003）认为，应该建立一个政府会计准则体系框架，该框架包括一套以促进政府的财政受托责任为目标的更加广泛的原则。

(2) 对现实预算会计改革方面的研究。还有学者从预算会计改革方面进行研究，认为应该改革预算会计的核算基础，从收付实现制向权责发生制改进（罗付珍、刘谊，2004）。2000 年国家财政部预算司和香港理工大学合作开展名为“中国政府预算会计制度改革研究——从收付实现制到权责发生制”的项目研究，研究中国预算会计采用权责发生制的必要性、可行性和具体实施方案，形成符合中国预算管理要求的预算会计模式。中国人民大学王庆成教授在《事业财会》（2004 年第 3、4、5 期）发表的论文，阐述对预算会计的核算内容、科目系统和财务报告制度的研究成果。

另外，浙江财经学院茆英娥（2005）的《论国库集中收付的制度条件——预算会计改革》，从预算会计不能满足国库集中收付的制度条件出发，提出了预算会计的发展方向。

（3）关于会计处理基础的研究。我国学者对政府会计处理基础的研究主要从权责发生制和收付实现制两种处理基础提供的信息比较进行的。表面上现金收付制和权责发生制的区别在于收入与费用的确认标准不同，而实质上区别在于两种会计基础下资产和负债的确认范围不同（詹雷等，2004）。两种不同的处理基础，对政府资产、负债、收入、费用的确认都有很大的影响，提供不同质量的信息。

收付实现制会计处理基础，以现金的实际收付作为确认的标准。首先，在这种会计处理基础下，对跨期资本性支出，收付实现制在现金支付日即作为费用核销，因而预算报表不包括此类支出的使用价值和服务年限信息。这样一来，政府会计提供的会计信息无法反映某些政府承诺和长期决策的全部成本，无法反映固定资产净值情况（杨朝晖，2004），因此，可能导致政府资产管理和监督的失控（陈穗红等，2004）。其次，在收付实现制条件下提供的会计信息不利于政府绩效管理和考核，易为管理当局操纵（张继珍、刘宁，2003），如管理者有可能通过提前或推迟支付现金来操纵各年度的开支；不能正确反映政府的运行成本，从而导致财务信息缺乏可靠性和一贯性（陈穗红，2004；陈小悦等，2005）。另外，现金收付制下政府的潜在债务和或有负债无法得到反映（周立宁，2000），导致有关财务报表信息不够真实，政府潜在的财政危机也会被掩盖（张继珍，刘宁 2003；陈穗红等，2004；邢俊英，2004），有可能会增加财政风险。

与收付实现制相对应，权责发生制会计处理基础在提供信息方面具有一定的优势。权责发生制处理基础是指对收入和费用的确认以权力和责任的发生为依据，能够区分资本性支出和收益性支出，对资产和负债的确认也有很大的影响。相对于收付实现制，权责发生制会计处理基础在以下方面有利于政府绩效的核算和反映。首先，权责发生制信息相对能更准确、更全面地反映政府在一定时期内提供产品和服务所耗资源的成本，能更好地将成本与绩效成果进行合理的配比，有利于加强管理者对产出和结果的责任，有利于促进全面的绩效管理改革（陈穗红等，2004）；同时，权责发生制基础下的政府会计有利于对政府债务进行核算，防范财政风险，因为在此基础下能真实反映政府资产耗费和负债的累计情况，促进政府转变职能，节约政府行政成本，有利于提高政府行政的透明度，也是对政府负债风险控制目标的必然选择（邢俊英，2006）。姚宝燕（2004）认为，权责发生制避免了隐性负债藏而不露的问题，此外，对雇员养老金、社会保险和贷款等长期承诺，若以政府负债的形式加以揭示，既有利于今后的预算决定，也从真正意义上增加了信息透明度。其次，采用权责发生制可以提供政府资产的全面信息，有利于加强对非经营性国有资产的管理与监督。姚宝燕（2004）认为，权责发生制有利于对资产的持续管理，对使用年限长的基础建设尤其如此。因此，权责发生制处理基础下能提供财政长期支持能力方面的信息，优化政府的长期决策（张丽秀，2003；陈继初，2003）。

因此，在权责发生制处理基础下，管理者更重视政府机构的效率、效果等绩效问题，权责发生制更加适应新公共管理环境下拓展的公众受托责任的要求（陈胜群、陈工孟、高宁，2002）。

但是，权责发生制相比收付实现制也存在一些本身固有的缺陷：权责发生制会计的实施成本较高；在实务中存在估计的主观性问题；会计信息的客观性和可比性，受到影响；会计信息的透明度可能因权责发生制下较为复杂的原则和假设而受到影响（陈胜群、陈工孟、高宁，2002）。

因此，在权责发生制和收付实现制优劣比较的基础上，专家学者在是否引入以及如何引入权责发生制会计处理基础上存在一定的分歧。

关于是否引入权责发生制方面，有些学者认为政府会计与预算使用不同的会计处理基础，会使政府管理不当和财政失灵现象更为严重；我国经济转轨的特点也决定了我国政府会计基础暂不适宜采用权责发生制。因此，提出我国预算与政府会计目前的重点仍是保证财政资金的“合规性”，现阶段不宜采用权责发生制会计基础（弥跃旭，2003），仍应以实行收付实现制为基础、以权责发生制为适度补充的“修正的收付实现制”（徐镇绥，2006；张国生、赵建，2005）。赞成引入权责发生制的有陈立齐、李建发（2003），张琦（2006）等学者，认为应计制在反映和评价公共受托责任方面，明显地优于现金制，而且越是从长期的观点以及政府责任的广泛性来评价政府，就越要实行彻底的应计制（陈纪瑜、陈友莲，2003；陈小悦等，2005）。

关于政府会计如何引入权责发生制方面，陈立齐、李建发（2003）指出，权责发生制可以分为低度、中度、强度和完全四个不同层次，持同样观点的还有陈小悦（2005）。不同程度的权责发生制对资产、费用的计量和确认有一定的差异，权责发生制强度越高，资产和费用确认越彻底，需要解决的计量问题就越多，引入难度就越大。因此，大部分学者赞成循序渐进的引入或部分引入，采用对称的方法（陈立齐、李建发，2003），认为我国在引入权责发生制方面具有阶段性、非完全性、对称性的特点（张琦，2006），在引入时采取渐进式的，不可一蹴而就（刘玉廷，2004)。

(4) 关于政府会计改革成本收益的研究。王庆东、常丽(2004)认为政府财务信息披露的改进面临着政治成本与经济成本的压力，我们必须在财务报告使用者受益的程度与经济成本的高低之间进行权衡，所以政府财务信息披露的透明度、充分性和相关性只能是适度的，政府会计信息披露的发展与完善也只能是一个渐进的过程。

(5) 关于政府会计改革顺序的研究。关于我国政府会计改革的研究，基本思路有两种，一是直接建立政府会计体系，二是先完善预算会计，待时机成熟后再建立政府会计体系。对政府会计改革顺序方面的研究主要从以下方面进行：

直接建立政府会计体系。如李建发(1999)认为，在我国，预算会计取代了政府会计，但是预算会计对象过于狭窄、会计信息不全面不完整，致使大量的国家资源、国有资产因“家底不清”而源源不断地浪费、流失。李建发主张从“政府”的层面来改革预算会计制度，建立一个能全面、完整、系统地反映政府受托管理公共财物资源的业绩和履行受托责任情况的政府会计体系。王庆成(2003)提出，预算会计只是政府会计的一部分，应建立统一的政府会计，而不宜再用预算会计作为独立会计分支的名称。

先改革预算会计，再引入应计制。如王雍君(2007)认为我国现行以组织类别界定的预算会计的概念框架存在先天缺陷，导致无法提供反映支出周期中上游阶段预算运营情况的关键信息。并提出了中国政府会计改革的核心命题和战略步骤应把握以下两个要点：①借鉴在发达国家中广泛采用的“双重方法”，以保持和改进现金会计基础的前提下，以支出周期概念为主线扩展预算会计的核算范围，此为最优先事项；②在这方面采取具体行动之前，引入应计会计基础扩展政府会计核算范围(覆盖资产与负债)的做法，哪怕是渐进性的，也有本末倒置之嫌。同样，王晨明（2007）认为完善预算会计和建立政府财务会计体系，是中国下一步进行政府会计改革的方向，也是应该优先选择的方案。

通过调查的方式确定政府改革的步骤。如陈工孟、邓德强和周齐武（2005）对我国预算会计信息的编报者和使用者进行了问卷调查，结果表明两者对权责发生制基础的预算会计信息质量的评价，整体上明显高于现行收付实现制基础的预算会计信息质量，受访者支持预算会计应由现行的收付实现制向修正的收付实现制或修正的权责发生制改变。并建议采用循序渐进、逐步深入的方式，在 3 至 5 年内完成改革。改革的收益大于成本，权责发生制预算会计信息能够提供更准确的政府财务状况和运营绩效信息，从而可以使政府部门提高工作效率和质量，满足受托责任要求。

1.2.2.3 关于政府绩效与政府会计之间关系的研究

绩效是指对资源使用的经济性、效率性和效果性，政府绩效是指政府对资源使用的经济性、效率性和效果性。国内学者对政府会计与政府绩效的关系在以下方面进行了深入研究：

从政府会计与政府绩效治理的关系方面，认为政府会计作为政府绩效治理机制的重要构件，是保障其有效运行的基本信息基础（姚保艳，2008），有效的政府会计是政府高效公共治理与控制的基础（陈志斌，2003；贝洪俊，2004），政府会计建设对政治体制改革也具有根本性的影响；有效的政府会计应该能够有效界定政府的公共受托治理责任、正确诱导政府的公共选择、促进政治体制改革、深化和完善政府机构改革；它是政府高效治理、廉政透明和实现相应的政治效应和经济效率的基石（陈志斌，2003）。

从政府会计与政府绩效管理的关系方面，认为应该研究我国政府绩效评价体系建设与政府会计、政府财务报告之间的内在关系，政府财务报告内容的设计应尽可能地满足政府绩效评价的需要，尽可能地满足建立我国绩效政府、绩效财政的需要，从而最大限度地发挥政府会计信息在提高我国政府公共管理水平和营运绩效方面的作用，促进我国政府职能的转换、市场经济的发展和政治文明的进步（刘玉廷，2004）。为了改善和提高公共部门绩效，应建立公共部门管理会计以适应公共部门经济与管理活动的深度与广度的加大，进一步提升公共部门经济与管理的效率与效益（罗辉，2006）。政府公共绩效管理框架下的政府报告应能够更好地适应公共绩效管理（陈纪瑜、张宇蕊，2006）。

从政府会计绩效信息与政府受托责任之间的关系方面，我国学者认为政府公共受托责任解除的根本途径是政府绩效信息的全面披露，但定量信息的缺乏制约了政府绩效评价理论与实务的发展。会计作为货币化的经济信息系统，具备提供定量信息的天生优势，本应为政府绩效评价提供数据支持，但现有的政府会计体系在绩效评价支持方面并未发挥出应有作用。因此，有必要以绩效评价为导向构建政府会计体系（张琦，2006）。会计的受托责任学派同时也认为，“会计因受托责任的发生而发生，也因受托责任的发展而发展”（杨时展，1997）；作为社会、文化、政治内涵变化的结果，公共受托责任随着时间的推移而发展变化（John Martin，1997）；正是由于公共受托责任的发展变化，才推动了政府会计的全球性变革。在新公共管理运动的影响下，传统的“合规导向”的政府会计正朝着现代的“绩效导向”的政府会计转变。建设“责任政府”已经成为中央政府乃至许多地方政府所确定的政府发展取向（贝洪俊，2004）。

从政府会计与政府绩效的因果链条方面，陈立奇（2005）提出了这样的一个因果链：更好的政府会计→更好的政府财务管理→更好的政府业绩→更大的社会经济发展。

从政府会计与政府绩效审计的关系方面，政府审计正从传统的投入和使用过程的合规性财务审计，逐渐拓展到“产出”、“成果”以及“影响”等几个阶段的绩效审计。政府绩效审计要求政府会计提供全面信息，尤其是为经济性和效率性审计内容提供相关的成本信息。路军伟等（2006）认为“重塑政府”的公共管理运动对政府绩效提出了更高的要求，并且认为“政府的合规性受托责任（确切地说是合规性的财务受托责任）是传统政府会计与合规性政府审计的基础，而政府的绩效性受托责任是现代政府会计（这里是为了区别传统政府会计而给出的称谓）和政府绩效审计的基础”。并且明确提出绩效型的政府会计“一是可以为管理人员绩效管理提供决策支持，提高绩效，二是可以为社会公众等信息使用者提供有关政府绩效信息”。

1.2.3 研究评述及本研究的切入点

通过对国内外的研究文献进行梳理分析，笔者发现国内外学者研究的主要是针对政府会计改革的某一方面，如从政府会计目标、财务报告的完善、应计制的引入、改革的顺序等方面，还有一些学者从政府会计的概念框架及政府会计的改革模式方面研究。这些研究多是从政府会计应用理论方面进行的研究，从政府会计基础理论出发，系统研究政府会计应用理论来指导政府会计改革实践的相对较少。基础理论是应用理论的基础，有助于应用理论的构建，以更好地指导会计实践的发展变革。本书从政府会计基础理论出发，研究政府会计应用理论，以指导我国政府会计改革的实践。

政府会计改革受到多种因素影响，在我国学者对政府会计的研究中，王晨明（2006）借鉴了Lüder可能性模型及其改进模型对我国政府会计环境进行了深入研究，提出了我国政府会计改革的建议。但根据政府会计演进动因，系统分析不同因素对政府会计变迁的影响，进而改革我国现有政府会计的研究则相对较少。

政府既是政治主体，也是经济主体。政府受人民委托，利用公共权力和公共资源，提供市场不能满足的公共产品和服务。在我国政府和公众之间存在着广泛的委托代理关系，基于委托代理关系的委托代理理论和受托责任理论是政府会计存在和对外报告的重要原因，公众对政府的绩效要求促使政府改善运营绩效。因此，政府的高绩效是其很好履行受托责任的体现，是政府内部绩效管理的最终结果，符合委托人的利益。张国生（2006）从政府治理的角度对政府会计进行了系统研究，但有关政府会计如何为提高政府的绩效服务、满足委托人的利益需求的系统研究却相对较少。

因此，本书在国内外政府组织外环境巨变以及我国完善公共财政体制、强调政府绩效的组织内环境的大背景下，从政府提高绩效、履行公共受托责任的最终目的出发，按照政府的“委托代理关系—委托人利益需求—外部委托人监督治理机制—政府内部绩效管理—提升政府绩效—实现委托人利益（履行政府受托责任）—委托代理良性运转”这一过程中政府会计信息的作用，从政府绩效会计信息的反映和监督、政府内部绩效管理等信息需求角度，对我国政府会计进行深入系统的研究。

规范的、有效的政府会计体系是高效政府管理和控制的基础，是良好的公共监督治理的基石，对于深化政府机构改革，提高政府部门工作效率和工作质量，建设高效、经济、廉洁、透明的政府具有重要的作用。

1.3 研究的方法、视角及内容

1.3.1 研究方法

研究方法主要包括实证研究和规范研究两大方法，本书的研究方法以规范研究为主，具体运用了规范研究中的归纳法和演绎法。

首先运用规范研究中的归纳法，通过国内外研究综述，找出本书研究的切入点。通过对我国政府会计改革的动因及影响分别进行分析，归纳出我国政府会计改革的要求与导向。

其次，应用了规范研究的演绎法。会计是人造信息系统，研究的目的是为了更好地构造和利用这个系统，主要以回答会计系统应该是什么的问题，以此指导会计实践。关于会计系统的构建，必须遵循理论的抽象思维，通过现象了解本质，通过本质了解会计是什么，本身有哪些职能，我们在现行环境下希望会计做什么，会计如何达到我们期望的目标。因此，本书的研究主要以此为主线进行规范性研究，以基本会计理论为指导，以企业会计理论为参考，以前人的研究结果为依据，进行政府会计改革的理论研究。在本书中，根据政府会计本质和职能，结合我国政府会计环境，界定政府会计目标，以目标为导向改革我国现有的预算会计，建立符合目标要求的政府会计核算体系。

同时，本书也应用比较借鉴的方法，以西方国家政府会计改革实践作为借鉴，分析部分理论和实践对我国会计改革的借鉴意义。在规范研究过程中，适当借鉴了别人的实证研究结果作为本书规范研究的补充。

1.3.2 研究视角

本书的研究视角是把政府会计作为一个“人造财务信息系统”，其目标应服务于政府组织职能的需要。政府绩效是政府履职行为及结果的综合反映，政府会计应有助于政府履职绩效的实现。本书从政府会计目标出发，研究如何建立以提高政府履职绩效为导向的政府会计理论，以指导我国政府会计改革实践。实现政府绩效的影响因素包括政府的外部监督及内部绩效管理，从政府监督治理方面，强化政府会计责任，建立基于委托人绩效评价的监督制度；从政府绩效管理方面，政府会计应为政府内部提供所需要的绩效信息。政府履职绩效的外在监督是政府绩效管理的外在刺激动力，也是政府会计责任的体现。因此，本书主要从政府绩效提高的角度，分析政府会计如何才能有助于完善政府的绩效监督治理机制，并以此促进政府内部的绩效管理，最终实现绩效型政府的目标。

1.3.3 研究内容

除第1章介绍选题背景、选题目的和意义外，本书其余章节分为三大部分：第一部分是本书研究的相关理论，包括第2章“政府会计研究的基本理论”和第3章“我国政府会计改革动因及影响分析”；第二部分是我国政府会计改革的相关研究，包括第4章“我国政府会计目标的定位”、第5章“受托责任解除、绩效评价及我国政府会计信息内容和质量要求”、第6章“我国政府会计主体确定、要素划分及处理基础的选择”和第7章“我国政府会计信息披露制度设计”；第三部分是本书的结论和政策建议，即第8章“主要结论及政策建议”。具体内容安排如下：

第1章“导论”。主要介绍本书选题背景、动机、研究的意义，通过文献综述提出本书的切入点和研究内容、研究范围的相关概念界定、本书的创新与不足。

第2章“政府会计研究的基本理论”。首先介绍了政府组织存在的委托代理关系以及委托代理理论和受托责任理论。认为委托代理关系良性运转的关键就是信息对称，公众作为委托人，有权利获得政府履职的全部信息，通过监督受托方受托责任的履行情况，外在促进政府内部绩效管理，实现委托人最终利益。政府作为受托方有责任履行受托职责，并提供充分信息以反映其受托责任的履行情况，而政府会计就是其中的关键。其次，分别从新公共管理理论和新公共服务理论、政府绩效管理理论、会计相关理论考察政府绩效和政府会计之间的关系。

第3章“我国政府会计改革动因及影响分析”。通过回顾会计演进历史，分析影响会计演进的内外动因，认为组织外环境是外在动因，外环境变化通过影响组织目标、组织结构变革等内在因素对会计系统提出要求，如果原有会计系统不能满足组织变革要求，新的会计系统将随之产生。继而分析我国政府组织内外环境变化对政府会计的影响，根据目前我国政府预算会计的缺陷，提出改进要求。

第 4 章“我国政府会计目标的定位”。政府会计目标是政府会计工作的最终目的，是我国政府会计改革的导向。本章在会计基础理论的指导下，分析了政府会计的职能、职能的有效利用和政府会计目标之间的关系。在此基础上，区分并分别界定我国政府会计目标和财务报告目标，并根据委托代理、受托责任和政府会计三者之间的关系，分析政府会计目标和政府对外报告目标的关系，阐述政府对外报告对政府会计最终目标实现的作用。

第 5 章“受托责任解除、绩效评价及我国政府会计信息内容与质量要求”。通过对我国政府受托责任的发展变化进行深入考察，从政府会计应提供有利于满足委托人和政府管理者绩效评价所需信息的角度，确定政府会计系统所应提供信息的内容和质量要求，构建了符合我国国情的政府会计信息质量特征体系。

第 6 章“我国政府会计主体确定、要素划分及处理基础的选择”。有效的政府会计核算体系是做好政府外部监督和内部绩效管理（控制）、实现绩效型政府的基础。核算体系的建设需要解决三个关键问题：政府会计主体的构建、政府会计对象及要素划分以及处理基础的选择。本章在一般会计原理的指导下，从有利于政府会计目标实现的角度对这三方面进行深入分析，并提出设想和建议。

第 7 章“我国政府会计信息披露制度设计”。本章主要从公众作为委托人权利以及政府会计披露责任角度出发，理论上界定我国政府会计的披露主体、披露对象以及披露内容，并对我国不同政府会计主体的报表体系和内容进行初步设计；通过分析我国间接民主制度的现状，对我国政府财务报告的制度重构及改革实施提出了建议。

第 8 章“主要结论及改革的政策建议”。本章首先对本书的主要结论进行说明，并据此对我国政府会计改革提出相应的政策建议。

1.4 研究范围界定

会计工作总是围绕着某个组织而展开，政府与企业具有不同的特点是政府会计与企业会计之间差别的主要原因。进行政府会计改革有必要研究政府组织的定义、特点，才能使政府会计更好地与之相适应为其服务。正如 Sunder（1997）指出，这些差别“不要从其明显的表征就认为前者（政府会计）是有缺点的，应当改变而使其与后者（企业会计）一致”。

1.4.1 政府的性质、特点

1.4.1.1 国家与政府

政治学的观点认为，国家和政府既有区别，又有密切的联系。国家是一个古老的历史范畴，是人类社会发展到一定阶段的产物。当社会生产力发展到一定程度时，出现了剩余产品，产生了私有制，产生了阶级，继而国家随之出现。因此，国家是历史的产物，国家来自于社会，或者说社会孕育了国家。

基于人民主权，卢梭论述了国家和政府之间的关系。他认为，国家和政府在性质和职权上有着本质的区别。卢梭认为，人类为了生存，必须进行结合，以克服个人所无法克服的种种障碍，在这一结合过程中，个人必须放弃一部分权力，因为，“这一结合行为就产生了一个道德的有机体的共同体”，“这种结社行为就产生一个道德的、集合的团体，该团体在被动的场合被称为‘国家’，在主动的场合被称为‘主权者’”。国家作为社会中享有主权的组织而与其他组织存在着根本区别，是社会契约的产物，是主权者，是一切权力的源泉。因此，主权是国家的质的规定性，是国家的根本属性。而政府的创造只是一项法律而已。政府的“本质是主权者的执行人，是在臣民与主权者之间建立的一个中间体，以便两者的互相适合；他负责执行法律并维护社会以及政治的自由”(李强，1998)。

人类的需要分为私人需要和社会需要，私人需要可以通过市场来满足，而公共需要是指人类生活和发展的共同需要，包括生活的社会环境和生产经营的外部环境，社会秩序的维护，交通、水利、垃圾处理等生产、生活所必需的社会设施，利益纠纷的解决等。社会成员为获得一定的共同消费需要的满足，需要把一定的权利和财产让渡给能够通过一定的途径和方法来为社会提供共同消费所必需的物品和劳务的公共组织。社会成员让渡的权利总和即为公共权力，所以国家是公共权力的代表。而公共权力来源于人民，属于人民，人民通过选举程序，选举代表国家和人民行使权力的政府，行使相应的国家权力，提供公共产品。立法权、司法权和行政权是公共权力最基本的三个方面，这些权力在政府部门分别属于行政、立法和司法机构，从而使政府行政机关的行为和财务等活动受到立法机关行为的约束；同时，行政和立法机关的行为接受司法机关的审查。因此，在民主社会下，政府是指国家权力的执行机关，是通过人民民主选举产生的，接受人民的委托治理国家，其主要职责是履行社会公共事务管理，行使行政管理的职能。政府的本质是“若干契约”的联结，是代表国家行使权力的公共组织。

国家是一个活着的有机整体，包括居民、政府和领土三个基本要素。政府是构成国家的要素之一，是行使国家权力的代表。另外，在一定的地域内，国家只能是一个，而政府往往可以设置为多级。

1.4.1.2 政府的界定与性质

政府是一个与国家密切联系在一起的政治范畴，同时也是一个历史范畴，既是一种社会制度，也是一个提供社会公共产品的组织。政府有别于以谋求利润为目的的私人部门组织，是经法律授权的不以营利为目的的规范统一的体系。

《中国大百科全书·政治学》将“政府”(Government)的

解释为："广义指行使国家权力的所有机关，包括立法、行政和司法机关。狭义指国家政府机构中的行政机关。"

另外，政府的界定也可从最广义的角度来界定。所谓"最广义"，就是说凡是履行社会公共权力的机关、组织等都是政府。这种界定认为政府的范围除了所有的国家机关外，还包括执政党。

国际货币基金组织（International Monetary Fund，IMF）在《政府财政统计手册》中指出，政府是由"公共当局及其通过政治程序设立的机构组成"。

在国际社会中，公共部门通常被称为广义的政府，是指以公共利益为目标的非营利性的政府部门和非营利组织，除了包括政府自身外，还包括政府拥有和控制的实体。而国际会计师联合会（IFAC）把公共部门定义为国家政府机构、区域政府机构、地方政府机构以及其他政府主体。而《2001 年政府财政统计手册》列出了公共部门的组成部分，公共部门包括了政府部门，或者说政府部门是公共部门的核心。

财务会计准则委员会和政府会计准则委员会在默认的美国注册会计师协会的审计和会计指南上指出：公众社团、团体组织及党派属于政府组织。其他组织如具有以下一项或几项特征，也可认定为政府组织：

——官员经大选产生，该组织领导机构成员中的执政党有一个或一个以上的州或地方政府官员任务（或认同）；

——政府有权单方面使其解散，解散后的净资产收归政府所有；

——该组织拥有制定和实施征税的权力。

美国政府会计准则委员会（GASB）进一步将政府、企业、非营利组织区别开来，强调较高层次的政府支持或指导较低级别政府的活动，并通过政府间广泛的自主和补贴制度为活动（至少部分的）融资，政府所需的资金、筹集的资金最终来源于纳税人。

因此，本书研究中的政府是指从组织性质上，凡资金来源于公共资金、履行政府职能、受托提供公共产品和服务满足人民公共需求的非企业性组织，均视为政府组织。

按照以上标准进行划分，我国政府组织应分为以下层次：首先是指政府整体，具体包括承担广泛受托责任的一级政府，包括中央政府、各省（直辖市、自治区及特别行政区）政府、各地市政府、各县（市、乡）政府以及各乡镇政府；其次是指履行具体职能的政府办公机关及派出机构。另外，我国实行中国共产党领导的多党合作、民主协商制度，各党派、人民团体与执政党一起执行管理国家事务的政治职能，它的部分经费也由国家拨款，应被视为广义的政府单位。但以盈利为目的，按照市场化方式经营的国有企业不属于政府组织。

1.4.2 政府会计的界定

政府会计是政府的财务核算和报告体系，是指与企业会计相对应的、专门用以确认、计量、记录和报告政府财务交易或事项的会计系统，有时也被称为公共部门会计。政府会计是会计的一大分支，有好几个同义语，常见的有“公共部门会计”和“公共会计”。我国现行的政府会计在制度上被称为预算会计，既不同于西方国家的预算会计，也不同于西方国家真正的政府会计。以下对真正意义的预算会计和政府会计做相应的界定，以有利于我国政府会计的改革。

1.4.2.1 预算会计界定

我国现行的预算会计是我国两大会计体系之一，是核算、反映和监督国家预算执行的会计，是以预算管理为中心的宏观管理系统和管理手段，主要包括财政总预算会计、行政单位会计和事业单位会计。国外的预算会计特指“追踪拨款和拨款使用”的政府会计，是政府会计中用于追踪支出周期各阶段交易的部分，是政府会计中一个最为重要的组成部分。预算会计从理论上应当反映立法机构批准的预算及政府执行该预算的情况及结果，它通过设立一套自我平衡的预算账户体系，运用会计的程序和方法，对预算及预算收支执行情况进行确认、计量和记录，以加强预算的会计控制，并通过预算与实际执行情况的比较分析，定期向政府行政长官、立法机构及其他相关部门报告预算执行情况的会计信息，借以评价和考核政府当局执行预算收支的财务责任。所以，预算会计只是财务会计的一个侧面的内容，其目的是加强预算管理和控制，而不是为了反映政府的财务状况。

1.4.2.2 政府会计界定

对政府会计的定义在理论界和实务界尚未达成共识。国外关于政府会计的常见定义有：法国在 1962 年 8 月颁布的有关法律，将政府会计表述为："公共会计是记录行政部门（国家、地方政府和行政事业单位）的账目，公共会计的目的是为了能够了解和控制预算和资金流动的步骤、财产状况、成本和年终结果。公共会计与企业会计一起构成国民会计的一部分"。美国财政学家 B. J. Reed 与 J. W. Swain 将其表述为："公共部门会计是指对在预算执行阶段发生的财政行为进行记录。"在这一阶段形成的对预算收支的记录，是评估预算执行结果、准备一轮预算编制以及预算执行过程中财政决策的基础。

国内关于政府会计的表述，主要是从政府会计的核算主体、目的等方面界定的，有如下观点：

刘玉廷（2004）认为，从严格意义上讲，政府会计体系是全面反映政府经济资源、现时义务和业务活动全貌的体系。

李定青、罗勇认为政府会计是一个与企业会计具有等同地位的会计学分支，以政府预算管理为中心的宏观管理信息系统和管理手段，确认、计量、记录和报告政府单位财务收支活动及其受托责任的履行情况。

李建发教授认为政府会计主要用于确认、计量、记录和报告政府和政府单位财务收支活动及其受托责任的履行情况。

张雪芬教授认为政府会计是以政府作为会计核算主体，用于确认、计量、记录政府接受人民委托，管理国家公共事务和国家资源、国有资产，报告政府运行的宏观经济信息以及政府对公共财产资源管理的业绩及履行受托责任的会计系统。

王雍君认为，“政府会计是对公共部门的财政交易或事项进行记录与计量，并将记录的结果报告给公共信息使用者的信息系统”。他还认为，政府会计的本质是满足信息使用者对公共部门与预算信息需要的信息系统。

景宏军、王蕴波认为，政府会计是反映、核算和监督政府单位及其构成实体在使用财政性资金和公共资源过程中财务收支活动的会计管理系统。政府会计是把所有政府单位及政府构成实体作为一个履行受托责任的整体，可以全面、系统地反映预算执行情况、资金运用活动、财务管理业绩。

根据以上解释，可以看出我国学者对政府会计的解释主要是对比企业会计系统，从政府会计本身的特点界定的。

会计的本质是一个人造信息系统，服务于组织职能的目标需要。因此，政府会计的界定应结合政府本身的职能目标等特点，因此，本书认为政府会计是对政府履职过程中经济资源流动及结果进行确认、计量及记录，并将记录的结果报告给政府信息使用者的信息系统，目的是对外反映政府受托责任的履行情况，对内促进政府内部绩效管理，提高政府履职绩效，实现政府资源的优化配置。

1.5 研究的创新及有待继续研究的问题

1.5.1 本研究的创新

本书创新之处主要有以下方面：

首先，根据委托代理关系、公共管理、政府绩效等理论提出了政府会计信息的需求观点，把政府会计信息提供划分为“报告目标”和“管理（控制）目标”；这两种目标都基于“公共受托责任是政府会计存在的基石”这一基本观点，能够将上述不同理论解释联系起来，具有统一性。

其次，从政府组织内外环境两个角度对我国当前的政府会计环境进行了全面和深层次的剖析，理顺了内外环境发挥作用的机制，明确外环境通过政府内环境对政府会计演进发挥作用。在深入分析内外环境的变化、对政府会计的要求以及我国现行政府会计缺陷的基础上，提出了我国政府会计改革的绩效导向。

再次，本书通过引入政府会计终极目标，充分体现了政府受托责任的本质以及对政府会计职能充分利用的结果，把政府会计信息的“报告目标”和“管理（控制）目标”有机结合起来，并指出“报告目标”是“管理（控制）目标”的外在促进因素，是政府会计终极目标实现的关键，并以此对我国政府会计核算体系的改革和重构进行研究。

另外，在政府会计主体确定方面，从核算有效和受托责任反映两个方面，区分界定了政府会计记账主体和报告主体；在会计要素划分上不是简单地以权责发生制会计要素（收入、费用）替代收付实现制要素（收入、支出），而是通过设置货币性收支和收入、费用要素同时并存，使两种处理基础同时应用于政府会计之中；在货币性收支中设置预算内收入、预算外收入和其他收入及相应的支出，来实现把预算收支执行情况包含于政府财务会计之中，能够充分体现政府会计在受托责任方面和企业的差别。

1.5.2 本研究有待继续研究的问题

政府会计改革是一个系统工程，和财政改革、预算改革具有很强的关联性，还需要很多配套措施，本书对此缺乏深入系统分析，还有待继续研究。

政府会计应是一个完整的系统。本书主要是从体现政府会计反映和监督职能的财务会计方面进行研究，在完善内部预算控制和成本管理作用等发挥作用的其他政府会计体系方面，还有待继续研究。

2 政府会计研究的基本理论

2.1 委托代理理论及受托责任理论

公共财政下，公众和政府以及政府内部存在着委托代理关系，政府会计在委托代理关系中发挥重要作用，完善的政府会计能够促进委托代理关系的良性发展。如何能够使公众和政府的委托代理关系良性发展，需要从委托代理关系中的委托代理理论和受托责任理论进行分析。

委托代理理论和受托责任理论都基于委托代理关系，但两者研究的侧重点不同。前者主要研究解决委托代理关系中在委托人与受托人信息不对称的情况下，如何通过制度契约设计来使代理人按照委托人的目标行事，而受托责任理论则侧重于从受托方对委托方的责任角度研究双方的关系（曾小青，2005）。

2.1.1 委托代理关系

委托代理是代理关系的一种，契约经济学家詹森和麦克林将委托—代理关系定义为一种契约关系，指的是一个人或一些人（委托人）委托其他人（代理人）根据委托人利益从事某些活动，并相应授予代理人某些决策权的契约关系（M. C. Jensen and W. H. Meckling，1976）。在法律上，如果一个人被授权以另一个人的名义行事，委托代理关系即告成立。在委托代理关系中，代理人不同于委托人的“仆人”或“雇员”，而是在代理行为中具有充分的决策权。

Coase（1937）认为代理人不同于“仆人”或“雇员”：“主

人有权亲自或通过另一个仆人或代理人控制仆人的工作。而代理人在工作或提供服务上并不受雇主控制。他必须计划和管理自己的工作以提供合同规定他提供的成果”。Batt 教授进一步指出："把代理人和仆人区别开来的并不是是否存在固定工资或所完成交易的佣金，而是代理人进行工作的自由”。

如果委托人和代理人双方当事人都按经济人行为行事，以追求效用最大化为目标，则代理人不会总以委托人的最大利益而行动。委托代理关系广泛存在于社会各类活动中，在政府组织中也存在着委托代理关系。政府受人民委托从事经济活动，提供人民需要公共产品和服务。政府资金主要来源于纳税人，在纳税人和政府之间就存在着委托代理关系。委托方需要了解受托方受托责任的履行情况，而受托方需要通过一定的信息进行决策，以有助于实现受托责任并予以反映给委托方。从委托代理的角度探讨政府会计的问题，旨在研究如何克服代理人的机会主义行为，以确保代理人履行所承担的受托责任，实现委托人的目标。委托代理理论和受托责任理论是政府会计对外报告的相关理论。

2.1.2 委托代理理论

委托代理理论是近 20 年西方企业契约理论最重要的发展，在信息经济学文献中，常将博弈中拥有私人信息的参与人称为“代理人”，不拥有私人信息的参与人称为“委托人”。而在这一关系中，委托人和代理人各自拥有不同的利益目标，委托代理理论假定在契约安排前后参与者之间掌握的信息是不对称的。这一理论由伯利和米恩斯提出，之后由詹森和麦克林、斯宾塞和泽克海森、罗斯以及其他学者加以发展。他们通过研究在企业所有权和经营权相分离这一事实下，所有者和经营者所追求的目标存在差异，于是试图探讨这种分离是否存在组织和公共政策的结果。它主要研究这样的问题：委托人将事项交付给代理人去执行，并希望代理人能够按照委托人的意愿去行动。信息不对称导致受托人可能采取违背委托人意愿的行为，产生“道德风险”。在这种情况下，委托人如何能以最小的代价，使得代理人为委托人的目标和利益而做出努力工作的问题，成为所有委托代理理论研究的中心问题。

1945 年，赫伯特·西蒙（Herbert Simon）撰写了题为《行政行为》的专著。西蒙认为一个组织实质上是能够从组织生存中受益的人们之间的一系列契约。这些人把可以获得的不同种类的资源集合在一起，然后投入一个组织而取得报酬。他们被称为利益相关者（凭借他们的资源投资和努力），因为他们的福利取决于组织联盟的成功。根据西蒙的观点，如果经理人能够成功安排充分的激励机制，吸引利益相关者的持续贡献，这个联盟就能存在或处于均衡。1981 年陈立奇教授将西蒙的理论引入美国政府会计理事会（NCGA），用来研究政府会计和政府财务报告的目标，并用此来解释利益相关者之间的相互作用。政府受投票人委托行使公共权力，通过法定征税权力的形式获得政府的公共资源，提供公共产品和服务，满足纳税人的公共需求。在投票人和政府之间也存在委托代理关系，投票人代表的利益相关者有权了解政府履职的相关信息。

耶鲁大学赛扬姆·桑德（Shyam Sunder）教授对西蒙理论做了进一步发展，提出了“共同知识”的概念，来更好地继续委托代理关系。桑德在其著作《会计理论与控制》（1997）中向会计界阐述了西蒙的观点。在该书中，桑德认为财务会计的职能是在利益相关者之间创造共同知识，以减轻信息不对称的问题。

在现代社会中，普遍存在的就是资源委托人与受托人之间的经管责任（stewardship）关系，我们现在社会就是奠基在经管责任网络之上（Ijiri，1975）。在经管责任关系的建立、运行与解除的过程中，资源委托人面临的最大困境就是与受托人之间掌握的信息不对称。委托人在委托代理关系中处于信息劣势地位，受托人掌握更加充分的信息。双方信息不对称，并且都以效用最大化方式采取行动时，会带来高昂的社会交易成本。会计信息系统的设计和使用可以提供一个“共同知识”的信息平台，帮助人们解决或缓解委托人与受托人之间的信息分布状态，使双方信息对称，降低契约履行过程中的交易成本。因此，会计信息系统提供的信息质量，直接影响委托代理关系的继续和发展。

2.1.3 受托责任理论

受托责任是指在委托代理关系下，代理人应对委托人承担的一系列责任，它随着委托代理理论的产生而产生，并随着委托代理理论的发展而发展。委托代理理论是受托责任产生的制度基础（陈胜利，1999）。受托责任理论作为一种系统的理论，是会计、审计理论中十分重要的概念，是在公司制和现代产权理论的基础上发展起来的，是现代社会所有权和经营权分离的产物。受托责任理论的代表人物国外有 Yuji Ijiri、Ernest J. Parlock、Framk S. Sato、Cooper 等，国内有王光远教授、杨时展教授、李建发教授等。

2.1.3.1 关于受托责任的定义

在现在社会经济生活中，普遍存在着委托代理关系。如财产所有者将财产委托给受托者，并要求受托者对财产进行妥善保管并使其增值；受托者接受委托者的委托，同时获得财产的自主经营权和处置权，并负有向委托者报告受托责任履行情况的义务，这样基于财产所有权上的受托责任便得以成立。另外，受托经济主体内部的分权化的管理方式，也使受托经济主体产生了内部经济责任，通过权利的层层委托，产生了层层的代理关系。

关于受托责任的定义，英国学者 Charles Medawar（1978）在《什么是受托责任》一文中认为：“受托责任是一个过程，通过这个过程，人们应对将要做的事、正在做的事和已经做的事负起责任。”

美国学者 Cooper 和 Yuji Ijiri（1983）在《科氏会计辞典》

中将受托责任定义为："雇员、代理人或其他人定期报告其行动或行动上的失败，以继续行使委任权力的责任。"

R. Gray，D. Oven 和 K. Maunder（1987）认为："受托责任系指对所负责的行为事项提交账目（不一定是财务账目）或计算的义务、要求或责任。"

杨时展教授（1990）认为"受托责任是由于委托关系的建立而发生的。委托关系可以由于通常的托付行为而建立，可以由于聘请而建立，可以由于任命而建立，还可以由于民主选举而建立。委托关系建立之后，作为一个受托人，就要以最大的善意、最经济有效的办法、最严格地按照当事人的意志来完成委托人所托付的任务。这种责任叫'受托责任'……"

王光远教授（1996）将各国学者和组织对受托责任的表述归纳起来，认为受托责任具有这样几层含义：①一般受托责任关系涉及两个当事人，一个是委托人，一个是受托人；②受托人所承担的责任可依据法规、合约和惯例等加以规范；③受托责任的内容具有可计量性；④由审计师独立地发表一个客观性意见；⑤现代受托责任关系中的委托人可以是投资人、债权人、股东、纳税人等，受托人可以是公司的董事会、总经理、部门经理等。

基于对财产所有权的受托责任的研究，受托责任学派把受托责任的概念应用到其他领域。如 Yuji Ijiri（1992）在《会计计量理论》中所指：受托责任的关系可因宪法、法律、合同、组织的规则、风俗习惯甚至口头合约而产生。

因此，受托责任是指因宪法、法律、合同、组织的规则、风俗习惯等原因，委托方将一些特定的权利委托给受托方实行，受托方在执行特定权利的过程中产生的对委托人的责任和义务，即受托方有责任和义务按委托人的意志行事，实现委托人的目标。受托责任的解除是以受托方清楚地明白这种责任和义务的履行为基础的，并能很好地履行受托责任，从而能够继续这种委托关系。

通过以上分析，在委托代理关系中，受托方的责任主要包括三个方面：合理有效地管理和使用资源的责任，如实向委托方报告其受托责任的履行过程与结果的义务，履行社会责任。

2.1.3.2 受托责任与会计关系

委托代理关系和受托责任关系，是同一种代理问题的不同方面。在委托代理关系中，代理人依据约定的契约对委托人承担受托责任，主要内容是受托人依据契约行事或根据委托人的意志或期望行事。根据经济人假设，在委托代理关系中，双方都有各自的目标，受托人通常不会自动以最大的善意和最有效的方法履行这一受托责任。由于信息的不对称，委托人无法直接观测到受托人的行为和自然状态本身，无法有效地对受托人实施监督和控制。受托人为实现自身利益最大化目标，往往会利用信息不对称的客观情况，不惜违背已经签订的契约或委托人的利益目标或期望而追求自身的利益最大化，损害委托人的利益。这种情况下，委托代理关系中的受托责任将受到破坏，委托代理关系难以有效继续。因此，受托责任履行是存在委托代理关系的商业、政府及其他任何重要权力中心尽责行为的先决条件，也是委托代理关系有效运行的基础。

不少学者对受托责任与会计的关系作过精辟的概括。如 Yuji Ijiri（1989）在《三项式记账法的结构和原理》中提到“受托责任一般要求责任人通过记账来交代他或她的活动及其结构，并把综括资料报告给委托人”。杨时展教授（1997）认为“受托责任的存在，是人们之所以要会计的根本原因”，“受托责任概念关系到为什么要进行会计或者说会计的必要性这个根本问题，如果不是由于完成受托责任的必要，我看，也就根本没有会计的必要，会计因受托责任的发生而发生，也因受托责任的发展而发展”。

王光远教授（1996）认为“现代会计、审计的精义在于受托责任”，“会计在受托关系中是联系委托人和受托人的桥梁，同时也说明会计的本质就是对受托责任的完成过程及结果予以认定、计量和报告”。王光远教授（2004）进一步指出不同职能会计（包括审计）在受托责任机制中所起的作用，“就会计、审计在受托责任机制中的运作来看，管理会计是起始环节，它通过战略、计划、预算和风险控制等手段来确定、分解受托责任目标，并协助受托人完成受托责任目标，提出管理业绩报告，为委托人审核受托管理责任的完成过程和结果提供信息；财务会计是在受托人接受托付后，按照公认会计准则的要求，对受托责任的完成情况进行认定和计量，并定期编制各种受托财务责任报告，为委托人审核受托财务责任的完成过程和结果提供信息”。

葛家澍（1996）认为受托责任学派中关于受托责任的概念主要原因是资源的所有权和经营权的分离，认为只有在两权分离下，存在代理关系的受托者才需要向委托方向解释和说明其经营情况。

通过以上学者的观点，为了使委托代理关系继续存在，委托人需要通过一定的方式了解受托方责任履行情况，受托方负有向委托方交代其履行受托责任的活动和结果的义务，而这一义务是由会计人员来完成的，会计人员是作为第三者介入受托责任关系之中的，以便在委托方和受托者之间能够顺利地把委托的责任和交卸的责任交代明白（Yuji Ijiri，1975）。受托人需要通过会计系统及时地确认、计量、记录等会计程序，以便进行管理决策，能够完成受托责任，并且完成任务后，向委托人提供报告，充分地反映其履行的受托责任情况，经过托付人同意之后，委托代理关系才能得以继续存在。

这些都说明会计与受托责任有重要联系，受托人通过会计对委托人进行报告，是反映受托责任履行情况的方式及手段。

2.1.3.3 受托责任的类别

受托责任是委托代理关系中受托方对于委托方应履行的责任与义务，因委托代理关系的产生而产生，与委托方对受托方的权利委托时的期望及达成的协议相关。受托责任是随着人们认知水平的变化而不断发展变化的。因此，受托方应承担和履行的受托责任受到委托方的认知水平、权利与责任意识的发育程度影响。

伯德在其著作《受托责任：编制财务报告的准则》中，将受托责任按资源委托的主体不同分作公共受托责任和非公共受托责任。公共受托责任包括以下两个方面：一方面是公民通过议会将资源委托给中央政府或地方政府去管理而产生的中央政府或地方政府对公民的受托责任；另一方面是中央或地方政府又将资源委托给社会公务员或地方政府官员，也包括各级机构团体而产生的政府内部的受托责任。非公共受托责任是私人资源的所有者将资源委托其他人行使而产生的受托方对个人的受托责任。

斯图尔特在公共受托责任方承担的公共受托责任的内容方面提出了一种“梯形受托责任理论”，梯级从高到低依次是方针受托责任、规划受托责任、业绩受托责任、程序受托责任、政治及合法受托责任。不同的阶梯内容体现了公众对政府不同的期望。

从受托责任的表现形式上，加拿大学者 James Cutt（1988）在《加拿大综合审计理论和实务》一书中认为：“受托责任系指一种可负责的状态，或对某些具体行为或隐含的任务在形式上的责任”，这种一般意义的受托责任有两种表现形式，即程序性受托责任（Procedural Accountability）和结果性受托责任（Consequential Accountability）。程序性受托责任是指受托方按照委托代理关系的契约里规定的程序采取行动。结果性受托责任是指受托方的行为结果符合委托方的期望。

综上，受托责任按照委托方的主体分为公共受托责任和非公共受托责任，公共受托责任要求政府更好地履行职能；按照受托责任的内容分为方针受托责任、规划受托责任、业绩受托责任、程序受托责任、政治及合法受托责任；按照受托责任的表现形式分为程序性受托责任和结果性受托责任。

2.1.3.4 政府组织中的公共受托责任

政府的受托责任，建立在公民与政府之间的委托代理关系基础之上，是公共受托责任。按照民主政治的一般理论，国家权力的本源在于人民，但人民由于人数众多，不可能直接行使他们应该拥有的国家权力。人民按照自己的意志，设立能代表其利益的国家权力主体并委托其管理国家和公共事务，同时按一定的制度规则对其进行约束（李建发，2006）。在民主社会中，政府对社会公众以及纳税人的受托责任则是根据宪法等法律以及立法机关所批复的政府预算而形成的。

政府受托责任产生的原因除了财产委托以外，还有立法的、行政的及社会道德规范形成。政府的受托责任具有以下特点：首先，由于政府提供的公共产品具有一定的层次性，提供公共产品和服务的政府也纵向划分一定的层次，通过权利和相应职能的委托代理，来满足公众的多层次公共产品和服务的需求。因此，在政府内部纵向存在着多重受托责任，如政府对公众和纳税人的受托责任，政府组织内部下级对上级的受托责任以及行政部门对立法部门的受托责任等。从横向上看，委托人的构成日趋多元化，如纳税人、债权人、立法部门以及利益相关者等。由于社会经济发展和进步，人们环保和追求健康等观念的增强，公共受托责任的内容也在不断深化，从传统的财务责任发展到管理责任、经营责任、社会责任等。

政府履行相应职能所使用的经济资源主要来源于纳税人、捐赠人等，相应地对委托人承担合理利用相应资源提供公共产品和服务，以及管理好社会公共事务的责任。同时，政府的部分资金来源于债权人，政府对债权人有到期偿还债务的责任。政府履职过程中所承担的受托责任需要政府有效率地进行资源配置，提高政府履职绩效。但在现实生活中政府部门的低效率屡见不鲜。有人甚至批评说："把钱和权都交给政府，就如同把威士忌酒和车钥匙都交给小孩子一样"（Rosen，2002）。因此，作为资源及权利提供者的委托方有权了解和有必要了解受托方受托责任的履行情况，并以一定的方式督促受托方更好地承担和履行其责任。

2.1.4 委托代理、公共受托责任对政府会计的影响

政府履职运行过程中存在着层层委托代理关系，社会公众委托政府部门对国家财产进行管理，政府部门内部上下级之间也同样存在着委托代理关系。各级政府部门的受托责任都属于公共受托责任。作为代理人的政府（部门）与作为委托人的社会公众以及存在内部委托代理关系的各级政府之间，存在着信息不对称的状况。受托方由于实际控制和管理资源，和委托方相比，掌握着更多的信息。这种信息不对称可能会导致代理人的道德风险和逆向选择问题，这有可能使作为政府的活动偏离委托方的目标。

委托代理理论认为，有效解决这一问题的关键在于可靠地界定受托方的公共受托责任，并使委托方能够及时了解受托方责任履行的真实信息，并据此采取一定的方式和相应的决策，才会降低委托代理风险，实现委托人的委托目标。

政府（部门）为了履行所界定的公共受托责任，使委托代理关系能够有效的持续存在，需要有相应的会计系统对政府履行公共受托责任过程中所耗费的资源及责任履行情况加以确认、计量、记录和报告，以如实报告反映各级政府（部门）公共受托职责的实现情况。通过政府履职信息的对外报告，委托人了解政府（部门）履行受托责任的信息，以此进行监督和决策，促进政府更好地履行其受托责任。政府（部门）利用会计信息系统提供的信息进行决策，最终实现政府职能，履行对委托人承诺的受托责任。

因此，委托代理理论及会计受托责任理论是政府会计研究的理论基础。作为公共受托方的政府（部门）应作为政府会计的主体，构建一个能够全面、完整、客观地确认、计量、记录和报告政府受托责任履行及资源运用情况及结果的信息系统，对外有利

于委托方了解政府受托责任的履行情况，行使监督权利，对内有利于政府内部决策、提高履职能力的政府会计体系。

2.2 新公共管理、新公共服务理论

2.2.1 新公共管理理论

政府是一个公共组织，如何确定公共组织的目标以及围绕目标采取行动，决定了政府的管理理念和方式。新公共管理本质上是一种管理主义理论、方法和技术在公共部门中的运用，强调商业管理的理论、方法、技术和模式。新公共管理理论区别于传统的公共行政管理理论，它是以经济学和私营部门管理为理论基础，从经济学理性的角度，要求对经济学中的公共选择理论、委托代理理论和交易成本理论加以运用，追求“三 E”（Economy，Efficiency，Effectiveness）即经济、效率、效果。

新公共管理强调通过“重塑政府”、“再造理论”，以政府的“公共服务取向”为导向，以“管理主义”为技术方法。

奥斯本和盖布尔在《改革政府》一书中认为新公共管理的政府具有“企业化政府”的模式，即强调掌舵、授权、竞争性、有使命、讲究效果、满足顾客的需要、有事业心，而非浪费、有预见、分权以及以市场为导向。经济合作与发展组织（OECD）关于西方政府改革的研究报告总结了新公共管理的核心内容：更加关心服务效率、效果和质量方面的结果；高度集权、等级制的组织结构为分权的管理环境所取代；灵活地选择成本效益比更好的方法来替代政府直接提供和管制；更加关心公共部门直接提供服务的效率；强化国家核心战略能力，引导国家变得能够自动、灵活、低成本地对外界的变化作出反应。

新西兰的乔纳森·波士顿认为从利用投入控制转向依靠可量化的产出测量和绩效目标，伴随着新的报告机制、监督机制和责任机制的发展而下放管理控制权。霍姆斯和尚德认为通过要求提

供有关结果和全面成本的报告来提高责任度和透明度。国内学者陈振明认为新公共管理强调明确的绩效标准和绩效评价。

美国行政学者波利特将“新公共管理”的主要要点概括为：第一，公共服务的市场化；第二，公共组织的法人化；第三，公共服务的私营化；第四，公共管理的经营化；第五，通过权力下放，从输入结果向输出结果过渡，实现公共管理内部控制系统的经营化；第六，通过权力下放、个人负责制的转变，实现公共人力资源控制的经营化；第七，通过强调在服务体系中服务单位责任的下放、服务的商业化、强化服务理念，实现公共服务体系的经营化。

因此，新公共管理要求政府通过提高政府绩效，承担和履行相应的受托责任，在政府履职过程中引入管理的技术和方法。作为政府基础信息系统，政府会计应对政府的公共管理提供信息支持，通过提供政府履职过程中资源配置的相关信息，为政府履职的绩效目标服务。

2.2.2 治理、善治理论

治理理论的代表人物罗茨认为国家管理活动的治理指的是国家削减公共开支，以最小的成本取得最大的收益。新公共管理的治理，指的是将市场的激励机制和私人部门的管理手段引入政府的公共服务，从而提高政府履职绩效，最大限度地满足公众的需要，更好地履行政府公共受托责任。治理是一个上下互动的管理过程，主要通过合作、协商、伙伴关系、确立认同和共同目标等方式实施公共事务的管理。所谓政府治理结构，简单地说，就是界定包括政府部门在内的利益相关各方权利的一系列制度安排，包括公共部门如何行使作出决策、行使权力以及使政治家和管理者保持责任感的途径。好的公共治理依赖于四个支柱：绩效型的受托责任、财政透明度、财务资源的可预见性、参与。政府会计能够提供可靠的信息，能够促进公共治理机制发挥作用。

善治是公共利益最大化的社会管理过程，善治的本质在于它与公民对公共生活的合作管理，是政治国家与市民社会的最佳状态。俞可平（2000）认为，善治需要以下几个要素：法治、参与、公正、透明、责任、有效、稳定、严谨。善治的治理，指的是强调效率、法制、责任的公共服务体系。社会控制体系的治理，指的是政府与民间、公共部门与私人部门之间的合作与互动。

因此，在善治的政府治理过程中，政府信息的透明性、公开性、责任性、有效性及回应性等是基础，只有公民了解信息，才能参与到政府治理中，才能达到国家与社会公众的最佳状态。

2.2.3 新公共服务理论

新公共服务理论是以美国著名公共管理学家罗伯特·丹哈特为代表的一批公共管理学者基于对新公共管理理论的反思。新公共服务理论是关于新公共行政在把公共服务、民主治理和公民参与置于中心地位的治理系统中扮演角色的一系列思想的理论。主要观点是政府活动的目的是公共服务而非掌舵，通过基于价值的共同领导来帮助公民表达和满足他们的共同利益的需求。政府行为活动的目标是满足公共利益，服务对象是公民，而不是顾客。

在新公共服务理论下，政府承担的公共受托责任含义更加广泛，与宪法和相关法令的规定、公民的价值观和公民利益以及期望值相关。在新公共服务理论中，政府更加注重满足人的需求而不是产出率，强调依靠人来进行管理，把生产率改进、过程再造和绩效测量等体系都视为设计管理制度的工具。在政府提供服务过程中，为了更好的实现政府的目标，对公民权的重视，胜过企业家精神。政府会计作为提供信息的财务系统，也应体现公民的知情权，向公众报告受托责任的履行情况。

2.2.4 新公共管理理论、新公共服务理论对政府会计的影响

伴随着新公共管理运动，绩效管理日益渗透到政府的公共部门管理当中。新公共管理把传统行政的“效率”扩展到“绩效”层面上来。新公共管理倡导的绩效是一个具有包括效率、效益、效果、责任等多种概念在内的系统的、全新的多层次的内涵的概念。公共部门绩效管理以特定的政府机构或公共部门为关注对象，通过衡量组织的效率、效益、服务质量，体现这些部门的工作成就或效果。推行绩效管理、提升公共部门绩效、建设绩效型政府，已成为各国行政改革的主要内容。从管理学意义上讲，新公共管理是站在“企业化政府”的高度上，确立明确计量绩效的量化标准，包括服务提供的范围、水平和内容等，强调节省资源，降低服务成本，以绩效为导向，对政府机构实施管理控制。新公共管理强调受托责任，在这种管理思想下要求政府设立配置资源、利用资源的合理程度及财务状况透明程度的绩效考评指标，以反映公共部门的效率。绩效考评、绩效提升都需要政府会计的信息支持。

因此，改革我国政府会计，确认以提高政府绩效为导向，全面解除政府的受托责任，是实施新公共管理目标的必然选择。

2.3 政府绩效的相关理论

2.3.1 绩效与政府绩效

政府通过提供公共产品和服务满足公共需要，履行公共受托责任，实现公民和政府善治状态的核心问题就是提高政府绩效。如何对绩效进行正确的认识和评估，充分利用绩效评估这个有效工具，也就成为了提高政府绩效的瓶颈。管理学家阿姆斯特朗曾说过：“要改进绩效，你必须首先了解目前的绩效水平是什么，

测定是绩效管理的一个关键环节，如果不能测定它，就无法改善它，除非在绩效目标实现程度的测定方法方面达成一致或谅解，否则，一切确定绩效目标或标准的努力都是徒劳无益的。”

现在大多数组织都优先考虑绩效的最大化（Bob Cardy），根据《大英百科全书》，绩效在法律意义上是指“从事某契约所要求的行为。成功绩效的影响是将负责该行为的人从将来的契约责任中解脱出来”。而绩效（Performance）原意为“履行”、“执行”、“表现”、“行为”、“完成”等，现在也可进一步引申为“成绩”、“成就”、“结果”等。

对绩效这一概念有不同的理解，包括“行为论”、“结果论”和“结果和过程统一论”。“行为论”认为绩效是一个行为主体采取的合乎期望的行为方式。如 Murphy（1990）认为绩效“是与一个人在其工作中的组织或组织单元的目标有关的一组行为”；Campbell（1990）指出“绩效是行为，应与结果区分开，因为结果会受系统因素的影响”。“结果论”认为绩效是结果。如 Bernadin 等（1995）认为“绩效应该定义为工作的结果，因为这些结果与组织的战略目标、顾客满意感及所投资金的关系最为密切”。“结果与过程统一论”认为绩效应当包括行为以及行为最终导致的结果。根据杨雄胜（2005）在政府绩效评价体系的课题研究报告中的定义，绩效是从过程、产品和服务中得到的输出结果，并用来进行评估和与目标、标准、过去结果以及其他组织的情况进行比较。

绩效应从全过程、全方位来理解。完整的绩效可以从“投入（Input）”＋“过程（Process）”＋“结果（Result）”的全过程来定义和度量。其中，“投入”表明组织及其成员在工作中所有的可能投入，包括外在的物质、潜在的态度行为等。可以用“物质投入”和“潜在素质”概念测量，这种测量有助于从源头控制目标的偏离以提高组织的整体素质，有助于未来结果的提高。“过程”表明在组织成员达成结果的过程中的努力程度以及正确的行为方式方法，可以用“行为”概念测量，这样有利于组织成员形成正确的行为方式，从而增强组织成员行为方式的理性化，便于科学管理和控制。但是，从有助于实现一个组织的目标的角度来讲，绩效更好的测量方法应该是“结果”，它反映了最终的成果质量——包括“产出”和“影响”两个方面(M. Armstrong，1998；王雍君，2002；黎民，2003)。产出是指组织提供的产品和服务的数量，而影响是指组织行为结果的评价，评价标准与价值观密切相关。组织结果的好坏，直接关系到组织能否持续以及委托代理关系是否能继续保持。结果带有许多的不确定性及偶然性，其取得受到外界环境和组织行为方式的影响。因此，有必要重视组织的行为方式。同时，结果的取得是需要付出成本的，而成本就是投入，投入产出分析代表了组织的效率。因此应该对结果和正确的行为方式及良好的投入方式进行综合分析，如结果/投入，行为是否得当等。

综上所述，绩效是一个从投入到产出的全过程的概念，并且是一个相对概念。其绩效度量维度图如下：

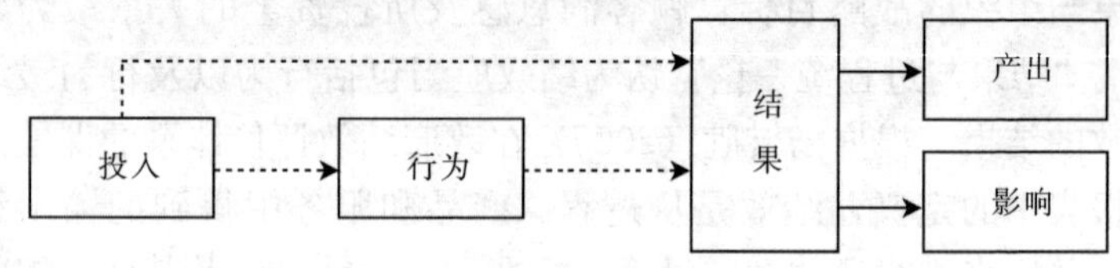

图 2-1　全过程绩效定义及测量维度

把绩效用于政府投入及行为和结果中的衡量，反映的就是政府绩效，是指政府的行为及结果有助于政府目标的实现程度，是政府履职能力的体现。政府使用的各种资源来源于公众，公众通过人民代表大会选举政府，并通过立法授予政府取得资源的公共权力，目的是期望政府利用公共权力，提供公共产品和服务来满足公众的公共需要。在实践中，西方政府运用“绩效”概念来衡量政府行政活动的效果，它通常包括经济（Economy)、效率

(Efficiency)、效益（Effectiveness）三项主要内容（OECD，1994）。有些学者认为政府绩效主要包括政府履责的整体能力、投入—产出与效率以及成果（或效果）三个方面（Bromwich，1990；Mwita，2000 等），学者 Fenwick 提出对政府绩效的评价“3E”评价体系，即通过考察和评价政府行为过程的四要素（成本、投入、产出、成果）之间的关系，包括效果性（Effectiveness）、效率性（Efficiency）和经济性（Economy）来衡量和确定政府绩效。

综合西方国家学者理论研究和西方政府实践，政府绩效评价实质上是从政府的行为目标出发，确立政府行为应实现的成果，并在此基础上考察各项政府活动、资源耗费及其配比关系的合理性。但政府不同于企业，政府行为目标不仅是经济上的目标，还包括政治上、公平性的目标，因此政府绩效相对于其他组织范围更为广泛，更为复杂，政府绩效不仅体现在经济效率性上，同时还应包括社会公平性等。公平性更多地依赖于价值观的主观评价。从政府整体绩效的角度来界定和考察，政府绩效包括以下内容：

投入（Input）是指生产一项产品或提供一种服务所耗费的各种资源，相应的标准是“正当性”或“合规性”。政府提供公共产品和服务时，对其所投入的资源的取得和利用，符合法律法规的规定和委托方的期望，在公共资源的分配中没有违法问题，并且所耗费的资源尽可能地少。

过程（Process）是指投入被获取、使用，或产出被生产的方式，相应的标准是“透明性”、“效率性”和“公平性”，其中透明表示相关方面获取信息的成本最低，效率不仅包括产出投入比，也可以体现在高效的实施机制及管理制度上，公平表示规则面前人人平等。因此表现在政府绩效中就是政府行动透明且符合效率和公平原则。

产出（Output）是指政府使用公共资源所创造的产品或提

供的服务，它表明政府投入、行为的结果以及对社会福利、经济发展和环境质量等方面的宏观影响。相应的标准是“效率性”和“效果性”，其中效率追求以既定的投入得到最多的产出或者以最低的投入取得既定的产出，效果表示产出能否实现政策或项目目标，政策目标有可能是政治、社会目标。因此，衡量需要结合财务指标和非财务指标，还需要考虑项目结果与预定目标的差异。成果可以通过产出与结果（政府项目的社会影响）的比较予以评价，如公共治安服务提供的数量（如新建警署的数量）与犯罪率下降的比例。成果的评价需要结合会计系统对产出的计量以及社会统计体系中提供的非财务数据（如犯罪率降低等）。产出评价是政府绩效评价的难点。

成本（Cost）是按照一定的配比原则与政府一定产出相联系的所投入的各种耗费，相应的标准应是“经济性”，即在目标一定的情况下，政府的耗费最小，或者成本一定的情况下，目标实现程度最大。

影响（Impact）或评价是指政府产出所引起的社会公众在行为或态度方面的实际变化，相应的标准是“满意性”和“回应性”，表示政府产出在多大程度上满足了目标群体的需求，以及这种满意度是否有相应的渠道来反映。公众的满意性主要是指政府产出是否符合公众的需求。公众的需求包括效率性上的需求以及公平性上的需求。

政府是一个契约组织，政府绩效是指政府对广大人民所承担的契约责任的履行情况。政府行为结果影响主要取决于公众对政府履职能力的满意程度，依靠公众对政府的绩效评价。

2.3.2 政府绩效实现机制及其对政府会计的影响

制度建设对政府绩效起着重要作用，而绩效的好坏取决于制度是否有效。政府绩效管理也称为目标-效果导向管理（Government Performance Management，GPM），是对于政府绩效的全过程管理，具体是指政府根据财政公平原则和效率原则，为了满足公众的公共需要，以绩效目标的建立、实施、评价反馈为环节的政府公共资金管理制度。政府受托管理和使用公共资金，满足公众的公共需要，在这一过程中，政府是受托人，公众是委托人，存在着典型的委托代理关系，政府对公众承担相应的公共受托责任。政府绩效管理的目标及外驱力来源于政府绩效治理。政府治理是一种对政府行为进行管理和控制的体系，利用政府治理的结构和机制，明确不同利益相关者的权利责任和影响，保障委托代理关系中委托人监督激励兼容的制度安全，使政府在运用公共资金时，承担起对委托人的受托责任。政府绩效治理实质是指基于公共权力和资源的委托人与公共权力的受托人之间的委托代理关系的制度安排，强调通过权利责任的分配来提高政府绩效。

在现代民主政府的发展中，提高政府绩效是基于公众利益的一切公共管理改革的根本目标，是政府承担和履行公共受托责任的要求。以改进政府绩效为目标的一系列制度实施与革新，包括政府预算、政府绩效评价体系以及政府会计，这些都是政府管理的工具，也是政府绩效治理的根本性安排。根据信息经济学的观点，解决委托代理关系的基础是消除委托代理机制中的信息不对称障碍，使委托人清楚地知道受托人受托责任的履行情况，以便进行更好的监督和决策，促进受托方履行受托责任。政府受托行使公共权力取得公共资金进行资源配置时，也必须承担相应的受托责任，而责任履行程度的反映与政府运行的透明度相关。Kopits（2000）对透明度给出了详尽的分析，它主要关注财政透明度，把财政透明度界定为向广大公众公开政府的结构与功能、财政政策意图、公共账户和预测等。这包括，不论从政府外部还是政府内部，都能获得可靠、全面、及时、可理解的、可国际比较的政府活动信息，便于选民和金融市场准确地评价政府的财务状况、政府活动的真正成本与利益（包括政府活动的当前与未来的经济与社会意义）。根据 Kopits 的观点，政府运行的透明度包括三个维度：制度透明度、会计透明度、指标和预测的透明度。政府会计的基本功能就是提供政府履职活动相关的会计信息。

在政府绩效治理机制下，政府会计必须为外部委托人和政府内部管理者提供政府履职绩效的全部信息，尤其是对外部委托者提供的信息应全面反映政府履职行为，即实现政府会计信息的高透明度，这是政府绩效治理的关键，也是公共委托代理关系良性运转的保证。

经济合作与发展组织（OECD，2001）将透明度定义为政策取向、表达和执行的公开，并将预算透明度定义为及时系统地充分披露所有相关的财政信息。根据《财政透明度手册》，IMF（2007）提出了对财政透明度四个方面的基本要求，即政府作用和责任的明确、预算程序公开、政府影响公众提供全面的财政信息以及提供信息的真实性。根据 Kulzick（2004）的观点，财政透明度至少包括以下八个相关概念：准确性、一致性、恰当性、完整性、清晰性、及时性、便捷性、治理与执行。李建发教授（2006）认为财政透明度应当包括充分披露性、及时性、可靠性、可理解性、一贯性、可比性等基本特征。

财政透明要求以财务数据的形式固化和反映公共财政框架下政府的责任和义务，要求全面而客观地反映政府的财务活动（晏晨辉，2006）。从技术的角度，政府会计信息系统应实现技术方法的创新，满足政府绩效治理各种技术方法的信息需求；从控制的角度，财政透明能够起到震慑效应，防止政府经济人行为导致的政府失灵；从制度角度，政府会计是构成民主国家治理机制的制度安排，是政府绩效治理制度体系的组成部分（姚宝燕，2010）。

政府会计对政府履行受托责任的作用，从政府外部角度来看，规范、健全、能够完整反映政府活动财务信息的政府会计，是以绩效评价为基础的政府绩效治理机制的前提，如果没有完善的政府会计信息体系作为绩效信息的有力保障，便无法实现政府的绩效评价以及以评价为基础的外部监督；从政府主体内部来看，政府会计系统也满足政府绩效管理中公共财政预算管理和绩效控制对会计信息的需求。

目前，我国政府预算会计系统不能实现政府履职行为和结果高透明度的要求，不利于政府外部绩效治理机制和内部绩效管理的信息要求。因此，构建符合政府活动高透明度要求的政府会计和财务报告体系有利于我国的公共财政体制改革，有利于政府绩效外部治理以及基于外部治理下的内部政府绩效管理，提高政府绩效，履行政府的受托责任。

2.4　会计理论体系的基本架构

会计是社会生产发展到一定阶段的产物，是适应社会生产力发展的需要而产生的，随着社会生产力的不断提高和社会生产关系的不断变革而不断发展演进；政府会计作为会计学的一个分支，也必然受环境因素的影响而发展变化。会计理论产生于会计实践，是实践的总结和概括；同时，理论又高于实践，指导实践。我国的政府会计的变革需要相应的政府会计理论研究作为指导。

2.4.1　会计理论的分类构成

关于会计理论，不同的专家有不同的理解和定义。佩顿和利特尔顿（1940）在《公司会计准则导论》中指出，会计理论应该是内在一致、协调一贯的体系，会计理论的作用是对现象的解释和提供行动的理由。美国会计学家亨德里克森指出，会计理论最重要的目的在于提供用以评价和开拓会计实务的通用观点所构成的一套前后一贯的、合理的原则。亨德里克森（1992）在《会计理论》第5版中，将会计理论定义为一套逻辑严密的原则，主要表现在以下几个方面：使实务工作者、投资人、经理和学生更好地了解当前的会计实务，提供评估当前会计实务的概念框架，指导新的实务程序的建立。我国学者娄而行（1989）将会计理论定义为人们对会计实践的经验总结，是在理性高度上对会计实务规律性的认识，一经形成反过来又指导和影响会计实践。裘宗舜（2000）也认为会计理论是在实践中积累起来的经验总结，是对会计系统化、条理化的理性认识，来自于会计实践又反过来指导实践。

关于会计理论定义方面，还有很多学者进行了研究，表述有所不同，但都认为理论是实践的总结，理论具有前后一贯的逻辑，具有一定的层次性，能够用来指导实践。同时会计理论并不是一个理论，而是一套具有一定相互关系的体系。裘宗舜（2000）认为会计理论体系是由各种会计理论按照一定的逻辑体系有机组合而成的一个多层次的、浑然一体的理论体系。

会计理论按照不同的标准有不同的分类方法，不同分类下的会计理论有不同的指导意义。会计是一门学科，有不同的研究方法。会计理论按照研究方法不同，分为规范会计理论和实证会计理论；这种分类方法有助于指导如何对会计理论进行研究分析。规范会计理论的目的是，通过构建一套会计“应该是什么”的系统知识体系，从逻辑上概括或指明最优会计实务应该是什么，来指导会计实务。实证会计理论产生于20世纪六七十年代，由美国会计学家鲍尔和布朗开创，是一套关于会计“是什么”的系统知识体系，目的是为观察到的会计现象提供解释理由，并预测未观察到的会计现象。两种研究方法各有利弊，但实证会计理论必须以观察到的现实为依据进行分析，目的是预测未来的会计现象，具有很强的客观性。政府会计是以政府为主体，相对于企业，政府行为和结果具有难观测性、难计量性的特点，因此，实证研究具有一定的困难。而规范理论研究能够从理论高度结合客观现实因素进行理性分析，对改革我国现行预算会计，建立完整的政府会计系统有很强的指导意义。

从会计理论的作用角度，国内学者李端生教授把会计理论分为会计基础理论、会计应用理论和会计开发理论，会计基础理论主要阐述会计基本原理，研究会计运行模式，解释会计内在规律；会计应用理论以会计基础理论为依据，阐述会计应用技术和方法，研究解决会计实际问题；会计开发理论是以前两种理论为指导，研究会计新领域和新问题的理论。

从会计学科分类的角度，陈国辉（2001）把会计理论分为财务会计理论、管理会计理论和审计理论等。这种分类是从会计不同职能的具体分化角度进行划分的。

以上会计理论按不同角度的分类都有相应的作用，互相并不矛盾。同时，会计理论是一个体系，会计理论体系（Accounting Concept Framework）是将一系列紧密相连的会计理论，按照一定的逻辑关系有机结合后，形成的一个内容首尾一致、结构层次分明的体系。会计理论体系研究需要一定的逻辑起点，具体观点主要包括对象起点论、本质起点论、职能起点论、假设起点论、目标起点论、环境起点论、价值起点论、混合起点论等。李孝林教授认为会计理论的逻辑起点和研究起点是既有原则区别而又密切联系的概念，在研究某一具体理论时，可以选择不同的研究起点。

陈国辉（1997）把会计理论体系分为会计研究方法、会计基本理论和会计应用理论。李定青教授等将会计理论分为会计基础理论和会计应用理论。除此之外，还有很多的其他分类方法，范围虽有一定差异，但一般都包括会计基础理论和会计应用理论。会计基础理论和会计应用理论是抽象和具体的关系，会计基础理论是会计实践的高度概括，会计应用理论是会计基础理论的具体化，能够用来指导会计实践。

2.4.2 会计理论的内容

在我国早期的会计理论体系中，基本的会计理论大体包括会计本质、会计对象、会计性质、会计职能、会计作用、会计任务和会计程序与方法等内容。这一理论体系的特点表现在会计必须为宏观经济管理服务，是计划经济的落实保障。我国计划经济转入市场经济，会计理论研究也引入西方的理论体系，表现在围绕投资者和债权人提供有用的决策信息为基本目标。会计理论研究是为了推动会计准则的制定，具体指导会计实践。现代的会计研究多以会计目标作为会计应用理论研究的起点，以财务报告中基本要素的确认、计量、记录和报告作为其基本内容，另外还包括会计环境、会计假设和会计信息质量特征等内容的研究。

按照会计基础理论和应用理论的划分，会计基础理论一般包括会计本质、会计职能、会计对象、会计程序与方法等。会计应用理论的内容包括财务会计概念框架下的会计处理基础、会计准则理论、会计行为理论等。

2.4.2.1　会计基础理论内容

会计本质是指会计本身所固有的、决定其性质和发展方向的根本属性。会计职能是会计本身固有的功能，在一定阶段内，会计职能是相对稳定的。但随着生产力水平的提高、科学技术的进步、管理水平的改进及人们对会计认识的深化，会计职能也逐渐发展，并被人们认识和利用。一般认为会计的基本职能是反映和监督职能，最基本的职能是反映职能。从会计的产生发展看，会计同所有的经济管理活动一样，都是为了解决资源的有限性与人类需求的无限性，以及人类个别劳动时间与社会必要劳动时间的差异这两对矛盾的结果，这是会计产生、存在和发展的基本前提，也是会计的根本目的所在（吴水澎，2007）。会计对象也称会计客体（Objecting of Accounting），是指会计职能的对象和内容。会计程序与方法是会计职能的具体化，也是实现会计目标的基本手段，它与会计的对象、职能共同构成会计学的基本架构。会计完整的核算程序包括会计确认、会计计量、会计记录、会计报告四个过程。

2.4.2.2　会计应用理论的内容

“概念框架”一词始见于美国会计学会（American Accounting Association，AAA）1966年出版的《基本会计理论》一书，美国财务会计准则委员会（Financial Accounting Standards Board，FASB，1980）将财务会计概念框架定义为：“概念框架是由相互关联的目标和基本概念组成的前后连贯的体系，该体系将导致前后一贯的准则，规定了财务会计和报告的性质、功能和局限性。概念框架通过提供财务会计和报告的结构和方向，促进公正的财务会计信息和有关信息的提供，以便与协调资本市场和其他市场再分配经济中的稀缺资源时的有效运行，并能为公众利益服务……目标是指明方向，而各种概念是解决问题的工具”。概念框架（Conceptual Framework，CF）一般包括会计目标、会计信息质量特征、会计要素的确认和计量、记录等。会计假设理论如会计主体、持续经营、货币计量以及会计分期。会计假设理论是根据会计目标所作出的合理推论，是其他概念框架存在的基础。

会计目标是在特定环境下的会计目的，是指会计核算系统应达到的境界和标准。会计目标会随着社会经济环境的变化而变化，不同的社会制度和经济体制会对会计提出不同的目标。会计目标是会计环境的客观要求与会计行为主体的主观要求有机结合的产物（常丽，2007）。

会计目标是会计职能的具体化。会计职能和会计目标是相互联系又相互区别的两个概念。会计目标的提出不应超越会计职能，反过来会计目标将会计职能予以具体化，会计职能发挥的最终目的就是实现会计目标。同时会计目标的发展也将促进对会计职能的认识和利用。

会计信息质量特征是会计信息系统提供的会计信息所应达到或满足的基本质量要求，是对会计所提供信息的一种质量约束，有助于财务会计报告最终目标和会计最终目标的实现。我国

2006年颁布的《企业会计准则——基本准则》中提出了对会计信息质量的要求，包括相关性、可靠性、及时性、可比性、明晰性、重要性、稳健性和实质重于形式等方面。

会计要素也叫会计报表要素，在我国一般将会计要素定义为会计对象的具体项目。会计要素确认是指按照会计要素的定义进入到相应的要素计量、记录和报表之中。确认的标准以实际发生、能够货币计量为基础，确认的时期取决于选定的会计处理基础。财务报告是会计核算系统的最终产品，一般包括会计报表和报表附注组成。

会计准则理论是一种会计技术方法方面的规范理论，主要是用来指导会计准则的制定，直接指导实践的应用理论。

2.4.3 不同会计理论的相互关系及对我国政府会计改革的指导意义

会计基础理论中会计本质是对会计基本特征的高度概括，会计职能是会计活动的本质功能，会计核算对象是会计核算的基本对象，会计基础理论是构成会计学科的基本框架，属于会计原理，并不能直接指导实践。会计应用理论是连接基本理论和会计实践的中间环节，能够直接指导实践，但会计应用理论应以基本理论为指导。政府会计改革具有很强的实践性，需要应用理论作为指导原则，但政府应用理论必须以基本理论为基础。本书以政府会计基本理论如本质、职能、核算对象为基础进行分析，从基础理论出发研究我国政府会计应用理论，以指导政府会计改革实践。

3 我国政府会计改革动因及影响分析

会计是一种制度，有很多的因素影响会计制度演进的进程。从产生、发展至今，会计经历了一个漫长的过程。本节通过分析会计实践和理论的演进历史，分析影响会计演进的动因。政府会计是会计的一个分支，通过分析我国政府会计演进动因及影响，研究我国政府会计的发展，为我国政府会计改革提供理论依据和相关建议。

3.1 会计发展演进的动因分析

3.1.1 会计实践演进简要回顾

会计是伴随着人类生产实践活动产生和发展的。会计从产生至今，以会计技术的发展为依据，以重大会计事件为标志，可分为古代会计、近代会计、现代会计。

古代会计，一般指旧石器时代中晚期到15世纪，运用的技术方法主要是原始记录法、单式簿记法和初创的复式记账法。原始记录的行为是生产发展的产物，随着生产力的发展，产生了剩余，会计记录随之产生。随着私有制为基础的生产力进一步发展，需要先进的科学记录方法，包括会计核算项目、账簿设置、记录方法、凭证、结算方法以及报表等内容的单式簿记法随之产生，适应了当时私营业主对私人财产管理的要求。经济水平越发展，会计实践越先进，中国的会计报告制度在唐至明代期间，处于当时世界领先水平。12世纪至13世纪，意大利北方城市经济出现繁荣，资本主义经济对利润的追逐，促使复式簿记产生，并逐渐发展。

近代会计一般认为从借贷记账法的应用开始，15 世纪正式形成，20 世纪 40 年代末结束。近代会计应用的方法主要集中在复式记账法的演进和运用之上。意大利、荷兰、德国、法国、英国、美国、日本等经济发达地区相继引进和发展复式记账法。同时，在英国出现了第一个会计师协会——爱丁堡会计师协会，使会计发生了很大的变化，会计外部监督职能随之出现；同时，英国也出现了简单的成本会计。美国在 19 世纪 80 年代成为资本主义经济强国，经济的发展以及发达的高等教育，也促进了美国会计实践的发展。美国两权分离的公司制企业的壮大和发展，使美国企业会计主要表现为以保护股东和债权人利益的财务会计为主。同时，企业为了满足股东的利益需要，在成本会计方面也得到了快速发展，如泰勒和其他工程师把标准成本法纳入复式记账体系。

现代会计产生于 20 世纪中叶，主要在美国产生发展。美国资本主义革命导致生产力逐渐提高，企业规模逐渐积聚。1929—1933 年经济危机导致大量企业破产，人们认为报表失真是导致经济危机的重要原因之一。因此，人们认为需要建立公认的、上市公司必须遵循的会计标准，以保证公司会计报表所反映的财务状况和经营成果具有客观真实性和可比性。20 世纪 50 年代，随着现代企业制度的建立、信息技术的发展、经济的全球化趋势，企业会计实践分化为专门为企业内部管理者提供管理信息、进行内部决策的管理会计和主要为外部信息使用者提供企业业绩和财务状况的财务会计。管理会计的目的是方便企业决策，以实现组织目标，相应的会计职能出现了新的拓展职能——控制职能。为了实现会计的职能，会计技术也发生了相应的变化。经济快速发展导致环境逐渐恶化，随着人们环保意识的加强，国家陆续制定了环保法规，以约束企业行为，企业会计核算也逐渐体现出环境责任的影响。

政府会计是会计的一个分支。James L. Chan（2001）总结了 20 世纪美国政府会计改革的主要历程。美国的州和地方政府会计在不同的历史环境下共经历了三次改革浪潮。第一次改革浪潮始于美国历史上的进步时代（19 世纪 90 年代—20 世纪 20 年代），改革的主要目的是为了反对腐败，将政府会计作为反对官僚腐败的最佳利器；第二次改革浪潮发生于 20 世纪 30 年代的美国经济大萧条时期，改革的主要目的是为了支持政府的财务管理，将政府会计作为有效提高公共资源使用效率的手段；第三次改革浪潮于 20 世纪 70 年代开始，1999 年 GASB 发布了第 34 号准则公告之后，第三次改革改革达到高潮，这次改革的主要目的是为了促进实现政府对外部公众的公共受托责任。

美国政府会计改革的过程与美国内外环境变化有密切的关系。自 20 世纪 30 年代自由竞争的市场经济导致的世界经济危机结束以后，凯恩斯提出的政府强干预成为西方财政政策的理论基础。这时期的政府会计改革的目的是有助于提高政府资金的使用效率。随着政府强干预政策的持续，政府支出不断加大，对支出的控制力减弱，导致政府履职能力不断下降，政府绩效持续恶化。席卷全球的“新管理运动”提出了对政府绩效管理的内在要求。政府财政恶化使立法机构、委托人、债权人及利益相关者需要了解反映政府履职的真实会计信息。因此，美国政府会计演进的过程，体现了外界环境的影响以及政府组织的内在要求。

3.1.2　会计理论演进简要回顾

会计理论产生的时间远远晚于会计实践。会计理论是对会计实践的总结，来源于实践，同时又指导实践的发展变化。

1494 年，Luca Pacioli《算数、几何、比及比例概要》一书的问世，标志着会计理论研究的开始，标志着会计成为一门科学。英国爱丁堡会计师协会的成立，对促进财务会计这门学科的产生引起了很大促进作用。从 20 世纪中叶到 21 世纪初，会计环境的变化，使会计技术方法发生了很大变化。亨利·法约尔的《工业管理与一般管理》明确指出了会计在公司管理中的重要地位，会计理论也得到了迅速发展，如以泰勒为首的工程师应用的成本计量和控制思想及成本理论和实务处理方法，英国学者创立的会计理论、德国学者创立的资产负债表理论等。在相关理论和实践的影响下，西方企业传统会计分化为财务会计和管理会计，体现了不同的会计职能。财务会计要求统一的会计处理程序和公认会计原则；管理会计以财务会计信息为依据，通过一定的方法为管理决策服务。1940 年佩顿和利特尔顿合著《公司会计准则导论》，企图建立会计概念框架体系，把会计理论和会计原则体系结合起来。1959 年组建会计原则委员会（Accounting Principle Board，APB）专门研究重大会计理论问题。会计理论体系研究最早是由原美国会计原则委员会詹宁斯于 1957 年提出来的，1962 年美国会计原则委员会会长鲍威尔提出了以会计假设为起点，建立了会计基本原则和具体情况下适用的具体原则。1973 年，美国财务会计准则委员会（FASB）成立，从 1978 年 11 月起在特鲁伯鲁特报告的基础上陆续发表了《财务会计概念框架公告》，以财务会计目标、会计信息质量特征、报表要素以及确认计量等基本原理、基本概念构成一个基本完整的体系，标志着会计理论体系的研究以会计目标作为起点来进行。以目标为起点的财务概念框架更加有利于指导会计具体工作，有助于会计目标的实现，更加具有现实意义。但会计目标受到一定因素的影响和制约，目标制定需要考虑影响会计目标的相关因素。

3.1.3 影响会计发展演进的动因分析

会计理论来源于会计实践，是对实践的总结，反过来理论又能指导实践。理论和实践的产生有相互促进关系，但发展并不具有固定的先后关系。

纵观会计实践和理论的发展演进历史，会计理论和实践的发展演进，实质上是会计因所处内外因素不断变化所产生的影响而不断调整变革的过程。会计是基于人们的实践需要产生的，随着环境的发展变化逐渐发展和进步，会计的发展受环境影响。按照系统论的观点，会计是一个系统，并处于一定的环境之中，环境因素激励和影响会计方法等实践和会计理论的相应发展。Chatfield（1974）曾指出“会计是反应的”，会计是所处环境的反应。会计依赖于特定的环境，同时又反作用于环境，两者之间有不可分割的“血缘”关系（吴水澎，2000）。会计系统处于一定的组织之中，服务于该组织。组织是一个开放系统，处于外界环境中，不断地和外界进行物质和能量的交换以实现组织目标。组织目标变化会影响组织系统各构成因素的变化。会计是组织的财务信息系统，人们研究会计的目的是构建和改造会计信息系统，实现人们在特定环境下的组织目标。组织外环境包括经济因素、科技水平、社会文化、教育环境、法律环境以及社会经济政治制度等，这些环境因素是组织变革、会计变革的外在动因，是重要的影响因素。会计服务于特定组织，组织内环境如组织的特点以及组织结构等，直接决定了会计特点以及会计目标和会计理论的相关内容。组织内环境是影响会计演进的内在动因，外因通过影响内因来影响会计演进变革，内外环境动因与现实会计的矛盾性构成了会计演进的现实动力。因此，本书认为会计发展演进与动因之间的关系，如图 3-1 所示：

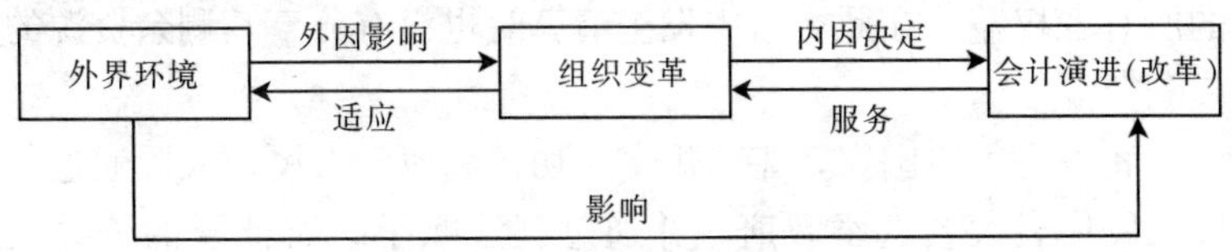

图 3-1 会计发展演进的动因分析

政府会计是会计的一个分支，影响政府会计理论及实践发展演进的动因包括政府组织系统外的外在环境因素，政府本身职能和特点等内在因素以及现行政府会计与这些影响因素的适应性。

3.2 我国政府会计发展改革的内在动因及影响分析

我国政府会计发展改革的内在动因，包括政府组织本身的特点和职能、政府组织之间的协调程度、政府资金的运行特点以及对政府会计本质和职能的认识和利用等。

3.2.1 我国政府组织的特点

政府组织是现代社会组织的一个主要部分，政府会计是会计的一个重要分支。政府组织的范围决定了政府会计的范围，我国政府组织的特点决定了我国政府会计的特点。

政府组织有别于以营利为目的的企业组织，美国财务会计准则委员会（FASB）在其《财务会计概念框架公告》第 4 条中指出，政府与非营利组织区别于企业的显著特征包括：

——政府与非营利组织主要从资源提供者处获取相当数量的资源，而这些资源提供者并不期望对其所提供的资源索取偿付或经济利益。

——政府与非营利组织的运营旨在提供物品和服务，并不以获取利润或利润等价物为目的。

——政府与非营利组织不存在确定的可以出售、转让或清偿的所有者权益，在此类组织发生清算时也没有分享其剩余资源的权利。

我国是民主国家，宪法规定一切权利属于人民，人民通过各级人民代表大会选举政府，并通过立法赋予政府征税的公共权力。同时，人民将公共资源通过各级人民代表大会委托给其选举出来的各级政府去经营管理，各级政府也可以将公共财产委托给国有企事业单位的受托管理者去经营管理。各级政府和国有企事业单位需要按照该级人民代表大会通过的国民经济计划和年度预算所反映的人民意志去经营管理公共财产（秦荣生，1999）。在该过程中人民是最终委托人，是公共财产的最终所有者，是政府资源的主要提供者。各级政府是受托人，对委托方承担公共受托责任。全国人民代表大会及各级人民代表大会是我国的立法机构，是各级公众的代表，是我国的权力机关。各级人民代表大会应严格监督和评价各级政府是否履行了受托责任，资源的取得和使用是否符合预算、法律规章、行政法令或其他约定。各级政府履行公共受托责任时，有责任对委托人提供与各种履职相关的财务信息，如履职能力、履职成本、资金的取得及运用等。

通过以上分析，我国政府组织具有如下特点：

3.2.1.1 政府组织的公共性

政府是代表国家行使公共权力，满足人民公共需要的公共组织。政府组织有别于以营利为目的的企业组织。我国政府组织的公共性表现在政府的权力的公共性、资金来源的公共性以及提供服务的公共性。首先，政府是一个政治组织，受人民委托，管理国家各项事务，依法具有公共权力。政府的权力是人民通过人民代表大会立法赋予的公共权力，具有法定性权力，同时也受到立法的制约。其次，政府也是一个经济组织，在履行政府事务时需要耗费资源，而这种耗费只能依据法律占有和使用社会公共资源来弥补，因此，具有资金来源的公共性。同时，政府也是资源配置的主体。我国目前是在市场经济国家，市场是资源配置的基础。市场以价格机制作为资源配置的手段，满足人们的私人需求，是效率性的体现，而人们的公共需求只能通过市场以外的政府来满足。政府通过非市场交易行为进行资源配置来提供公共产品和服务，满足人民的公共需要。因此，相对以营利为目的的私人组织，政府具有公共性。

3.2.1.2 政府活动的非营利性

与企业等营利性组织相比，政府主体具有不以营利和资本增值为目的的特点。政府的职能是通过提供公共产品和服务，满足社会成员的公共需求。这一特点决定了政府组织活动具有明显的非营利性。政府不以营利为目标的特点，也决定了政府会计和企业会计在会计目标和会计核算内容方面有着不同的要求。

3.2.1.3 政府行为目标的多样性

政府组织不同于单纯以营利为目的的营利组织，其目标具有多样性的特点。政府组织进行资源配置过程中的行为目标中既包含体现经济效率的经济目标，又包含体现公平、正义、物价稳定等非经济性目标。非经济目标是政府资源配置与市场资源配置的重大区别，是政府最重要的目标。目标的多样性决定了政府行为不完全以市场为基础、遵循效率原则，部分政府行为具有难观测性和难以计量性。会计作为财务信息系统主要提供价值指标的特点，要求进入会计核算体系的行为和结果应具有公允市场价值的准确计量，但政府行为目标的多样性和部分行为结果性的难观测性决定了部分政府行为及结果难以纳入会计核算体系。

3.2.1.4 政府权力的强制性和法制性

政府组织和其他社会组织最本质的区别是政府以凌驾社会之上的公共权力为前提，这决定了政府具有强制性的特点。公共权力是政府在执行公共职能、管理公共事务方面的职权与职责，是国家通过法律或者其他方式授予的权力，包括立法权、司法权、行政管理权、课税权、公共财产所有权等。政府履行社会公共事务和提供公共产品，必须以强制性的公共权力为基础。同时，政府组织须经法律授权方可成立，政府的权力和责任都必须由宪法或其他法律做出明文规定，行动必须符合法律法规。

3.2.1.5 政府行为利益相关者的多元化

政府行为影响远远大于其他经济组织，涉及的利益相关者众多，如提供资源的纳税人和国债购买者、接受政府服务的特定个体和作为权力最终授予者的公众等，都属于利益相关者范围，都受到政府活动影响。

政府组织具有的以上特点决定了其运行和私人组织有很大差别，政府会计也在很大程度上区别于企业会计。

3.2.2 我国公共财政建设及财政管理体制改革

财政是政府的经济行为或以国家为主体的经济行为。政府履行职能需要一定的经济资源耗费，人们为了满足其公共需要而将资源委托给政府管理和控制，政府通过财政收入为实现其职能取得经济资源，通过财政支出实现其职能，履行受托责任。

3.2.2.1 我国公共财政建设和公共财政特点

政府的收支活动是一种对社会经济资源的占有、支配和使用过程。政府运用公共权力由一定的方式获取资源、筹集收入，并按一定的目的来支配、使用和消耗这部分占有的资源，以实现政府职能。财政是社会经济资源的配置和再配置的活动或过程。不同经济体制下的财政有不同的特点和要求。计划经济国家的财政是生产性财政，是资源配置的主要手段。市场经济国家的财政应是公共财政，市场是资源配置的主要手段，政府资源配置的目的是为了提供公共产品，满足人们的公共需要。

随着我国市场经济地位的确立，国家制度也在不断地完善，其标志就是民主政治程序的确立和法律体系的完善。这种制度完善意味着国家的公共权力受到立法约束，反映在政府和财政活动方面，就是对政府财政收支的约束和相应的监督，具体表现为税收制度法制化及预算和预算审批的法律化。这种完善同时也意味着国家制度对公共利益的保护。市场经济条件下，政府财政表面上看是由政府主导，实际上是由社会大众主导，这就为社会成员的公共利益提供了更好的保障，为财政的“公共性”加入了制度的特征。对于这种在市场经济条件下的特定财政类型或财政模式，人们通常称之为“公共财政”。政府预算是政府的财政收支计划表，把政府即将实行的任务与完成这些任务所需的资源联系起来，以确保财政资金使用符合政府职能需要。政府收支预决算制度能够有利于对公共收支进行有效的控制，也体现了国家相关政策。

1998 年，我国正式确立了建立公共财政框架的目标，政府的职能是弥补市场失灵，满足人民的公共需要。社会公共需要的满足是政府通过提供公共物品和劳务来进行的。政府为履行职能、满足公共需要而消耗的一切费用的总和，叫做政府支出或财政支出。财政支出是政府经济活动的一个重要方面，是政府履行职能活动的总成本。财政对社会经济的影响主要表现在财政支出上，调节经济、实现社会公平等政府职能主要是通过财政支出实现的。

公共物品和劳务的提供以及政府的正常运转，都需消耗一定的资源。为了保证公共物品和劳务提供的可持续性，政府要代表公共权力去占有一部分资源，形成由政府来支配的收入，再将这些资源用于满足社会公共需要的各个方面，这就形成了政府财政收支。

公共财政的内涵和特点包括以下方面：

（1）*政府活动范围和职能以弥补市场失灵为出发点*。政府的经济行为应从市场失灵出发，界定政府的活动规模和范围，提供市场无法提供的公共产品和服务，而不是以营利为目的。

（2）*公平和效率的财政*。“公平”是指财政活动要奉行“一视同仁”的原则，包括对一个国家范围内所有的国民提供一视同仁的服务，一视同仁的对待市场经济活动的主体。“效率”是指财政活动要奉行效率原则，既包括经济效率，也包括政府本身的行政效率。经济效率是指政府的活动应促进经济的发展，促进资源配置；行政效率是指政府活动本身的效率性，在某些领域的活动也要遵从投入与产出、成本与收益对等准则，在实现政府目标的前提下降低消耗，最大限度地满足人民的公共需要，以实现政府职能。

（3）*财政活动的法制化和公共性*。财政具有一定的强制性。

这种强制性是指财政这种经济行为及其运行凭借国家政治权力，通过颁布法令来实施。但在民主政治下，财政的强制性体现为财政的民主化和法制化。财政活动的法制化是指按照一定的民主政治秩序和法制体系对国家公共权力进行约束，通过公共选择决定政府行动方向。财政作为政府的经济行为，应置于法律的根本约束和相应的规范之下，其活动也必然受到法律和规范的制约。财政的法制化，意味着财政的收支活动要通过相应的法律程序和法律法规来决定、约束和规范。如通过税收法律来约束、规范政府取得财政收入的方式、过程和数量的规模，通过国家立法机关对政府预算报告的审批程序来确定、控制财政的支出规模和支出用途。因此，财政的法制化是通过社会公众、国家立法机关和相应的法律程序对财政收支的约束。

财政具有满足社会成员的公共需要的属性，它是不同社会形态性的财政所具有的共性。财政的这种公共性表现在政府通过提供公共产品和服务满足社会的公共需要，这种公共需要会随着经济的发展和社会的变迁而发展变化。

（4）利益集团性和民主监督性。财政反映统治阶级的利益，我国是社会主义国家，是建立在以生产资料公有制为主的经济基础之上，广大劳动人民的利益能够在社会、经济、政治生活中得到广泛的反映。因此，财政的公共性在社会主义社会中获得了前所未有的发展（邓子基、林致远，2004）。我国财政的利益集团性表现为财政应符合最广大人民群众的利益，承担起对最广大人民群众的受托责任，满足他们的公共需要，同时政府行为也应接受人民的监督。

（5）财政收支的对称性。财政收支的对称性也叫财政活动的平衡性。政府的收支活动是通过“收入—支出、支出—收入”过程运行的，如果收支严重不平衡，会导致财政赤字，可能会产生财政风险。收入和支出的对称性构成了财政运行的一个重要特征。同时，政府支出是为了满足公共需要履行对资金提供者的受托责任，实现政府职能，财政收支的对称也体现了政府履行职能与其受托资源之间的对称性。

在这种公共财政体制下，要保证财政资金使用的有效性，财政管理的公正、公开、透明以及履行承担的受托责任，都需要真实客观反映政府活动绩效的政府会计信息作为支撑。

我国要建立的公共财政决定了我国政府资金的运行特点、政府行为目标及方式。在政府的资金运行过程中存在着委托代理关系，政府是受托人，履行对公众的受托责任。而人民代表大会是公众的代表，决定着委托关系是否继续存在下去，政府需提供全面绩效信息以反映和解除所承担的受托责任。政府对外公布的财务报告是委托方决策和监督的依据，也是公共财政公开透明的信息要求。财政透明是公共财政的本质特征，也是民主财政的主要制度安排，提高财政透明度已成为我国建立公平有效的公共财政的重要议题（刘笑霞，2007）。政府财务信息公开是财政透明度的具体体现，政府财务报告作为政府信息公开的重要方式，无疑是实现财政高透明度的重要手段（常丽，2008）。

3.2.2.2 我国财政管理改革及其影响

我国政府收入来源主要是税收，以及各种政府性收费、基金、国有资产收益等。由于社会公共需要和满足公共需要的公共物品具有一定的层次性，国家的各项职能是由各级政府共同承担的，为了保证各级政府完成一定的政治经济任务，就必须在中央与地方政府、地方各级政府之间，明确划分各自的财政收支范围、财政资金支配权和财政管理权，逐步建立适应我国经济发展的公共财政管理体制。一般地说，各级政府有什么样的行政权力（事权），就应当有相应的财权，以便从财力上保证各级政府实现其职能。在财政管理中划分各级政权之间以及国家与国有企业、事业单位之间的责任、权力和利益关系的制度叫财政管理体制，简称财政体制。我国实行分级财政体制，即有一级政府就有一级财政，以便使每一级政府都具备组织收入和安排支出的权力，为顺利履行各自的政府职能创造条件。财政管理体制的划分，首先是在明确市场经济中政府职能边界的前提下，划分各级政府职责（即事权）范围，根据事权的大小划分财权。我国财权划分从1994年开始实行分税制和预算调节制度，以法律方式将上下级财政分配关系固定下来。

为了更好地管理、规范财政分配关系，近年来，我国财政管理发生了很大变化，陆续实施了部门预算改革、实行了政府采购制度、国库集中支付制度、新的收支分类、收支两条线管理、预算资金管理体制改革、政府绩效评价等措施，对政府会计提出了新的信息要求。

（1）编制部门预算。我国过去的政府预算是按照财政收支的性质分类编制的，符合计划经济国家控制的要求，但预算编制较粗、内容不完整，不利于对各预算部门的预算监督职能。为了提高预算资金的透明度、增进使用效益，体现国家预算的公开性、可靠性、完整性和统一性原则，加强廉政建设，从2000年开始，各部门要求编制部门预算，以有利于公共财政下政府行为的法制化和规范化，加强财政监督，促进支出优化。

编制部门预算要求不同政府部门提供的会计信息应具有可比性、完整性和全过程性。首先，政府不同部门之间、财政总预算和部门预算之间，都应使用相同的分类方法，使不同部门信息可比，财政总预算和各部门预算口径一致。其次，部门预算及执行应完整地反映预算资金的收支情况及结果。同时，预算的编制及审核要求采用零基预算方法，按轻重缓急编制科目的支出需求，在预算编制和审批时也要考虑各部门完整的资产和负债存量的信息。这些信息都需要从政府会计中获得。

（2）政府集中采购制度和国库集中支付制度。我国过去政府采购都是由各分散部门自行采购所需商品，这种分散采购导致了资金管理难度加大，监督控制作用弱化，资金挪用、挤占、低效益较为普遍。为了体现政府采购的公开透明性、提高政府采购资金的使用效益，我国从 2002 年开始实行政府集中采购制度。对于使用财政性资金采购依法制定的集中采购目录以内的或者采购限额标准以上的货物、工程和服务的行为，都必须参加政府集中采购，由财政总预算机构统一结算。政府集中采购制度要求财政总预算会计和政府部门会计同时对支出进行记录来反映采购支出环节。

为了更好地实施政府集中采购制度，增强预算资金的使用效益，我国政府在财政支付方式上发生了重大改变，由过去预算单位分散支付转变为国库集中支付，使财政部门能更好地监督，可以集中使用资金，提高了资金配置效率。这种集中支付制度改革要求财政总预算会计和国库会计系统完全可以记录和反映政府整体和支出机构（部门）在微观层面的交易（王雍君，2004）。

（3）财政收支分类改革。财政收支分类体现了政府受托职能履行与其耗费资金之间的关系。国际货币基金组织（IMF）在《政府财政统计手册》中，按标准职能分类，列举出 10 项市场经济国家的支出：一般公共服务支出、国防支出、公共秩序和安全支出、教育支出、保健支出、社会保障和福利支出、住房和社区生活设施支出、娱乐文化和宗教事务支出、经济活动和服务支出以及无法归类的其他支出。

按功能分类，我国传统支出大致划分为经济建设费、社会文教费、行政管理费、国防费和其他支出，债务支出单列。这种分类不能体现政府受托履行的职责，而且带有生产性财政的痕迹，不利于政府资金和公共权力的委托人了解政府履行职责及其资源的耗费情况，不利于外部监督和决策机制。2007 年起，基于有利于公共财政体系建立和有利于国际比较与交流的原则，我国实行了政府财政支出分类的改革，实行支出按功能分类和按经济分类。新的支出功能分类根据社会主义市场经济条件下政府职能活动情况及国际通行做法，把财政支出分为 17 项：一般公共支出、外交、国防、公共安全、教育、科学技术、文化体育与传媒、社会保障和就业、社会保险基金支出、医疗卫生、环境保护、城乡社区事务、农林水事务、交通运输、工业商业金融等事务、其他支出以及转移性支出。经济性质分类分为购买性支出和转移性支出，购买性支出按照购买的商品和服务再进行细分。

这种分类有利于体现政府履行受托责任及其所耗费资源的配比关系，在政府会计上，也相应地通过核算反映和监督以上信息，有利于外部委托人和决策者对政府履职的绩效进行评价，有利于政府内部进行绩效管理，以实现政府的受托责任。

3.2.3 我国政府职能的转变及服务型政府、绩效型政府的建设

3.2.3.1 我国政府职能的转变

政府是国家权力的执行机构，存在目的是为了实现其职能。政府职能是指政府在一定的历史时期内，根据国家和社会发展的需要而承担的职责和功能，它反映了政府活动的基本方向、根本任务和主要作用，本质上是国家行政权力的执行（杨雄胜等，2005）。政府的职能决定了政府存在的根本目的，但它又并非是一成不变的，而是随着社会环境的变化而发生改变。

从历史的角度，国家从产生起本身就固有政治职能，对内具有社会管理职能，对外具有维护主权及领土完整的职能。政府要实现其政治职能，必然要消耗一定的物质资料。它作为一种凌驾于社会之上的力量，本身并不从事物质资料的生产，无法通过自身的生产为自己提供部分物质资料。但是，国家拥有公共权力，"这种公共权力在每一个国家里都存在。构成这一公共权力的，不仅有武装的人，而且还有物质的附属物，如监狱和各种强制机关，这些东西都是以前的氏族社会所没有的"（马克思、恩格斯，1972）。国家依据公共权力取得一定的经济资源，参与社会产品的分配来实现职能。

从现实的角度看，人类经济活动的目的，是把人们所掌握的

稀缺资源用于生产各种物品和劳务，以最大限度地满足人类自己的需要，这些需要可以分为私人需要和公共需要。私人需要是人类进行社会活动和经济活动的最基本需求，也是人类社会生存和发展的基本动力；公共需要是人类进行社会活动和经济活动的必不可少的条件，具有共同消费属性：这两类需要共同构成整个社会总需求。政府最本质的特点是公共性——满足公共需要和具有公共权力，而公共需要的存在决定了公共权力和国家、政府的产生。在不同的社会形态或经济形态下，私人需求和公共需求的相互关系是不同的。由此，处于不同的历史时期的国家由于所处的社会经济环境和条件的变化，其公共性有着不同的体现。

在自然经济条件下，奴隶制社会和封建制社会国家也有一定的公共性，但公共需要从属于君主的私人需要，公共权力集于君主一身，这时不具有真正意义的政府。在计划经济条件下，国家包揽社会经济生活的全部，政府的经济行为等同于经济的运行，个人需要服从于公共需要，公共需要变成国家需要，政府意志成为国家意志。政府的活动规模得到极大扩张，“国家财政”的特征达到强化。而在市场经济条件下，人类的需要分为私人需要和公共需要，私人需要由市场来满足，市场以价格机制为导向，在提供私人产品方面具有效率性。满足公共需要的公共产品具有非竞争性和非排他性，市场在提供公共产品方面是失效的，只能借助于市场以外的政府来解决。因此，市场经济体制下政府的主要经济职能是提供市场无法提供的公共产品和服务，以满足全社会的公共需要。

在市场化条件下，根据社会的发展要求和社会公众的需要提供公共产品和服务，成为政府最基本的职能和任务。我国从1978年提出市场经济改革，1994基本确立市场经济地位，现在市场经济得到了快速发展。党的十六大报告提出深化行政体制改革的主要目标：“进一步转变政府职能，改进管理方式，推行电子政务，提高行政效率，降低行政成本，形成行为规范、运转协调、公正透明、廉洁高效的行政管理体制”。《中共中央关于构建社会主义和谐社会若干重大问题的决定》中提出“到二〇二〇年，构建社会主义和谐社会的目标和主要任务是：社会主义民主法制更加完善，依法治国基本方略得到全面落实，人民的权益得到切实尊重和保障”。

因此，在市场经济条件下，政府和市场都是资源配置的主体，两者通过互补性的资源配置共同满足人类的需要。政府在经济方面具有提供公共产品、满足公共需要、矫正市场失灵等方面的职能，如资源配置、收入再分配、稳定经济以及市场管制等（郭小聪，2003）。

3.2.3.2 我国服务型政府、绩效型政府的建设

随着市场经济改革的深入，党的十六大明确提出我国政府行政管理体制改革的目标，即“降低行政成本，提高政府的透明度和公信力……转变职能，提高行政效率，建立公开透明、廉洁高效的行政管理体制”。党的十七大提出加快行政管理体制改革，建立服务型政府，“着力转变职能、理顺关系、优化结构、提高效能，形成权责一致、分工合理、决策科学、执行顺畅、监督有力的行政管理体制”。政府职能的转变和服务型、绩效型政府的建设，对政府的效率、效果提出了更高的要求。而政府会计作为基础性的信息系统，应适应政府职能的转变，提供政府履职运用资源的全部信息，以促进政府履职能力的提高。

3.2.4 我国政府的层级结构

政府的职能主要是提供市场所不能提供的公共产品和服务。公共产品具有不同的层次性和范围，各级政府主要负责提供本地区的公共产品和服务。我国政府具有金字塔形层级结构，分为中央、省、市、县、乡五级政府。每级政府为了提供本地区的公共产品和服务需要耗费资源，每级政府理论上都是一个相对独立的核算主体，取得公共资金，提供公共产品和服务，应独立编制本

级预算，自求相对平衡。作为一级政府，对同级社会公众的代表——立法机构承担受托责任，同时在我国，根据《中华人民共和国国务院组织法》和《地方各级人民代表大会和地方各级人民政府组织法》，地方政府还应当对上一级政府负责并报告工作。每级政府为了更好地履行受托责任，划分各个部门，分别履行政府具体职能。

我国政府的层级结构决定了我国政府的委托代理关系以及各级政府部门承担的受托责任，政府会计应反映和解除这种责任，使委托代理关系能够顺利进行、政府职能得以有效实现。

3.3 我国政府会计改革的组织外环境动因及影响分析

根据系统论的观点，政府组织是一个系统，处于一定的环境之中，不断地通过环境和系统外部进行物质和能量交换来实现政府职能。政府会计作为政府的财务信息系统，在制度变迁及演进过程中，受到外界环境的影响。影响政府会计演进的外部因素包括国内的经济因素、政治因素、文化教育环境以及国际大环境等。这些环境对政府会计提出新的要求，同时制约政府会计改革的方式。

在不同的政治和经济体制下，政府的结构不同，发挥的作用也不同。政府会计环境影响政府公布财务信息的动机，也影响潜在信息使用者对这些信息的需求。

3.3.1 国内环境的变化及影响

3.3.1.1 我国的财政经济因素

经济因素是影响会计发展的核心问题，包括经济管理体制、所有制结构、经济发展水平以及资本市场的影响、经济国际化程度等。

我国是市场经济国家，资源主要是由市场进行配置，经济得到了快速发展，GDP 持续增长，人们的私人需要得到很大程度的满足，对环保、公平等公共需要也随之增强。人民把权利和财产委托给政府进行资源配置，目的是希望政府履行职能，提供所需要的公共产品和服务。因此，公众作为委托人有权利了解政府责任的履行情况，并据此实施监督和决策。同时，我国是发展中国家，人均 GDP 还较低。相对于人民增长的公共需求，政府所掌握和控制的资源是有限的。政府运用资源的效率、效果，决定了政府履行受托责任的情况。

在所有制结构上，我国是一种以公有制为主体，民营经济、中外合资和中外合作多种所有制形式共同存在的多元结构。国有企业在我国经济生活中占有重要的地位。国有资产属于全民，政府接受人民的委托管理国有资产，同时又委托企业经营，国有资产的生产经营具有双重委托代理关系。我国所有制的特点决定了国家在经济生活中的重要地位及强大经济功能，也决定了我国政府会计的职能与目标以及政府会计的报告对象和报告范围等。

在经济体制和经济国际化上，改革开放以来，我国一直致力于市场经济建设，形成了以市场资源配置为基础，政府资源配置为补充的混合经济。2001 年 12 月 11 日，中国正式加入 WTO，成为世贸组织的一员。作为 WTO 的一员，在行为方式的选择上必须体现经济全球化的要求，这就要求我国政府进行角色置换，实行政务公开，即有关经济、法律、政策的各方面数据，包括技术数据和程序数据等将进一步公开（罗辉，2002）。世界贸易组织要求我国与国际市场全面接轨，这就要求政府信息和国外接轨。如何按照世界贸易组织的规则要求，改革政府的管理模式，塑造一个充满生机与活力的政府，成为我国政府的迫切任务，这就对我国目前的政府会计提出新的要求，需要建立与之适合的政府会计，提供符合市场经济、能够进行国际比较的财务信息，提高政府绩效。

政府资金来源决定了政府承担受托责任和政府财务信息使用对象的差异。政府作为受托主体，财政收入取之于民，用之于民。财政收入决定了政府承担受托责任的情况。2006—2010年，我国财政收入总额持续增长，相应地，政府承担的财务受托责任也随之相应加大。根据2010年统计数据，2008年我国财政总收入为61 330.35亿元，其中税收收入为54 223.79亿元，预算外收入为6 346.36亿元，其他收入为760.2亿元。我国政府财政收入主要来源于强制性的税收，从纳税人作为资源提供者的权利角度和政府作为受托方的责任角度，政府受托履职的行为及结果，都应予以完全的反映和披露。

同时，政府作为一个经济主体，负债融资是其获得财政资金的一个重要方式。我国的资本市场逐渐完善，政府依靠债务融资而形成的负债是政府应确认的政府偿债责任。政府全部的债务包括显性负债和隐性负债：显性负债是指建立在某一法律或合同基础之上的政府负债，典型的政府显性负债包括政府发行的债券、举借的各种国内外借款以及政府担保贷款等；隐性负债是政府道义上的偿付责任，是基于公众预期、政治压力和社会理解意义上的应由政府承担的义务。我国政府债务随着资本市场的完善在逐年上升，包括中央债和地方债。另外，随着资本市场的国家化，我国政府也把资金投放到国际市场，这部分资金的安全性和收益性情况，也需要向资金提供者进行报告。

3.3.1.2 我国的法律环境

法律是统治阶级意志的体现。近年来，我国法制建设取得了巨大进步，法律制度及司法监督体系逐渐完善，政府行为受到法律的制约。为了加强对政府权力的监督，司法、审计、监督检查机构需要利用会计信息开展相应的监督检查工作。我国属于成文法系国家，宪法是基本法，会计法是会计工作遵循的最高法律，除此之外，还有规范政府经济行为的预算法，以及国务院财政部门制定并公布国家统一的用于规范行政单位和事业单位财务工作的《总预算会计制度》、《行政单位会计制度》、《事业单位会计准则》和《事业单位会计制度》等。我国宪法第二条规定，中华人民共和国的一切权力属于人民，人民行使国家权力的机关是全国人民代表大会和地方各级人民代表大会。这意味着，我国属于间接民主国家。人民不能直接决策，只能依赖于政府公开的财务信息，获得政府履职情况，以实施外部监督，履行权利。

3.3.1.3　我国的政治及文化教育环境

政治环境在整个社会环境中起着基础性作用，它决定着国家在特定时期的经济、法律和科技方面的目标导向和发展水平。特别在政府会计领域，政治因素是会计改革和政府管理系统的决定因素，政治管理体制和政治态度往往影响了会计目标的存在（王晨明，2006）。

我国政府是中国共产党领导下的人民民主专政性质的人民政府。宪法规定，中华人民共和国的一切权力属于人民，人民行使国家权力的机关是全国人民代表大会和地方各级人民代表大会。国家行政机关、审判机关、检察机关都是由全国人民代表大会产生，对它负责，受它监督。中央政府是最高权力机关的执行机关，地方政府依行政区划设置，分为省、市、县、乡四级。实行单一制国家的结构形式，全国各级政府都服从于中央政府领导。因此，政府代表人民行使管理国家的任务，接受人民委托，受人民代表大会及全体人民的监督，同时，政府又把其中部分权力委托给下级政府或部门，履行政府职能。因此，本级政府既要接受本级人代会及人民的监督，同时对下级政府实施监督，具有双重委托代理关系。

俞可平（2003）认为“民主的实质意义是人民的统治，就其现实性和操作性而言，民主的意义就是人民对政府的监督和制约。这种监督和制约只有在市民社会的力量足够强大时才能发挥出最大的效果。如果政治国家的力量过于强大，而市民社会的力量极其弱小，那么，人民对政府权力的制约很难具有实质性的意义”。

自1996年高校扩招以后，我国教育得到了快速发展，接受高等教育人员比例逐年提高，国民素质得到了很大提升。随着人们素质的提高，主人翁意识的提升，人们对政府财务信息公开的呼声越来越高。另外，从事会计的人员数量不断增加，职业化教育的发展使会计师、注册会计师的队伍越来越壮大。近年来，随着公务员队伍面向社会公开招考，大量有科学知识、国际视野的人才流向政府部门，使我国政府会计改革具有了一定的人才基础。

3.3.2 国际环境的变化及影响

国际环境的变化包括世界范围内的新公共管理运动、国外政府会计改革的实践、世界经济一体化等，这些都影响着我国政府会计的改革理念及实践。

3.3.2.1 世界范围内的新公共管理运动及影响

20世纪70年代中期以后，随着经济竞争激烈化，各国政府面对巨额增长的财政支出的压力、政府负债的增加以及财政风险的加剧，一场质疑官僚行政有效性、以追求“3E”（Economy，Efficiency，Effectiveness）为目标的改革国家公共管理部门的运动，自20世纪70—80年代源于英国、美国和澳大利亚之后，迅速扩展到加拿大、荷兰、瑞典、法国等国家，进入90年代以后，一些新兴工业化国家和发展中国家，如韩国、菲律宾等国也加入了改革的大潮。这次运动被定义为“新公共管理运动”。相对于传统的公共行政管理来讲，“新公共管理运动”有以下的新特点：

（1）理论基础新。相对于传统的马克思·韦伯的科层制理论和威尔逊与古德诺的政治—行政二分法则来讲，新公共管理理论旗帜鲜明地以经济学和私营部门管理为理论基础。它从经济学理性角度出发，要求对经济学中的公共选择理论、委托代理理论和交易成本理论加以利用，追求“三E”即经济、效率、效能。

（2）原则新（理念新）。新公共管理运动的核心是将企业管理理念引进政府公共部门，注重效率。重新界定政府的角色，准确定位政府职能，政府和市场之间不是互相替代关系，而是相互补充关系，政府是政策的制定者，而执行可以由市场进行。追求的目标是经济、效率、效果。因此新公共管理运动强调政府绩效，即以绩效为导向进行相应的变革。

（3）*方法手段新*。公共管理运动的绩效导向，使政府对公众的受托责任由强调过程上的合规性，逐渐转变到强调结果上的绩效性。因此，在这场运动中，引入了工商管理技术，借鉴私人部门的管理方法，由重投入、重规章的管理转移到重产出、重结果的管理，增强对社会的回应性，实现对公民的责任（程祥国、韩艺，2007）。新公共管理运动强调政府和公共部门必须重视财政绩效和受托责任，该责任的解除必须依赖一定的信息传递。政府绩效要求能够正确地衡量及保证信息的有效传递，政府会计应适应这种管理方式的转变。

娄而行、阎达五教授认为会计的实质是“管理活动”，是组织管理的一部分。葛家澍教授认为会计是“经济信息系统”，旨在提高经济效益、加强经营管理。杨时展、伍中信教授认为现代会计是一个以货币为主要量度，按公认标准来认定和解除委托责任完成情况的经济控制系统，而解除委托责任，必须保证管理目标的实现以及反映目标的实现程度。以上学者的观点虽有不同，但都认为会计和管理密不可分，会计是通过构建信息系统来提供信息参与管理活动，既是管理的工具又是管理结果的反映。

会计的目标应服务于其组织的目标。政府会计作为会计的一个分支，也应服务于政府组织的目标。作为基础性管理信息系统的会计，应该为政府的绩效目标及绩效管理提供信息的支持，以有助于外部委托人及利益相关者评价政府绩效，促进政府受托责任的履行，实现政府职能目标。因此，新公共管理运动对政府会计提出更加透明、更加完整的反映政府活动的信息要求，以有利于政府绩效的监督和控制，实现对公民的责任。

在新公共管理中，政府作为受托人，为了实现绩效性的目标，需要真实可靠的信息作出正确的管理决策，需要履职成本等绩效信息对政府中下游代理人进行绩效控制；而社会公众、立法机构等需要政府的绩效信息来评价政府和政府部门、机构的受托责任履行和实现情况，并作出相关监督和决策。新公共管理运动需要与之适应的有助于政府绩效提高的政府会计系统。

3.3.2.2　经济全球化及影响

"经济全球化"的概念是由经济合作与发展组织（OECD）的前首席经济学家S·奥斯特雷提出的。他认为"经济全球化"主要是指生产要素在全球范围内的广泛流动，实现资源最佳配合的过程。国际货币基金组织（IMF）对经济全球化的定义是"跨国商品及服务贸易与国际资本流动规模和形式的增加，以及技术的广泛传播使世界各国经济的相互依赖性增强"。在全球化经济中，国内大公司、政府等政策的制定者和决策者在进行经济活动时，需要考虑国际化。经济全球化对我国政府会计的影响，主要包括提供信息的国际可比性、会计研究的国际化等。

3.3.2.3　国外政府会计改革的实践及影响

20世纪70年代末期以来，西方国家政府面对政府支出的持续增长、政府债务负担的增加以及因此导致的财政风险问题，在政府会计上相继进行改革，如新西兰、澳大利亚以及美国、英国、法国、德国等诸多国家通过完善政府会计准则体系，提供权责发生制处理基础下能真实反映政府活动和效率情况的会计信息，作为政府监督和管理的信息依据。会计与环境有密切的关系，政府会计受到政治和经济环境等因素的影响，西方国家政府会计改革的做法不可能完全适合我国政府会计改革，但政府会计都以提供政府履职活动信息为主要特征，市场经济条件下政府职能具有一定的共性。因此，政府会计也具有一定的共性，这些实践活动对我国有着一定的借鉴意义。

3.3.3 我国政府组织内外因素作用机理及产生的制度需求

我国政府组织内外环境因素的变化对政府会计产生了新的制度需求。我国政府组织特点和政府职能决定了我国政府行为方式及目标。服务型政府、绩效型政府的建设需要提高政府履职能力，内在需要政府会计提供绩效性信息。政府的非营利性决定了政府和企业在会计目标及核算方式上的区别。公共财政决定了政府从事经济活动目的是履行公共受托责任，提供人民需要的公共产品和服务，并且决定了政府行为和结果应公开透明。政府会计作为基础性、综合性的财务信息系统应有助于公共财政的建设。政府财政管理体制决定了政府的级次及受托责任的层次性，决定政府会计的报告主体和报告对象。这些因素是政府会计改革的内在动因及制度需求。

政府组织外部的财政经济环境、法律环境、社会文化环境是政府会计改革的外在影响因素，同时也对政府会计的改革方式具有一定的制约作用。

经济因素是影响政府会计改革的关键因素，经济发展水平决定了政府掌握的资源以及相应承担的社会责任，经济体制决定了政府运用资源的领域及目的。资本市场的发育程度决定了政府债务资源的数量，债务资金的提供者需要通过政府财务信息了解资金的安全性情况。所有制情况的差别影响政府资源的取得和运用，以公有制为主的国家，土地资源、矿产资源、国有企业属于国家，由政府进行管理和控制，政府利用公共资源取得的收益也应对人民承担受托责任。

法律环境制约了政府的行为方式，要求政府行为必须符合相关法规，具有一定的合规性，在政府会计方面要求在信息上充分体现收入来源及支出构成。社会文化环境影响人民的素质和民主意识。随着我国教育水平的逐渐提高，人民的民主、权利意识也在逐渐的加强，对政府履职过程中承担的受托责任越来越关注。因此，从信息需求的角度上，教育越发展、文化越进步，权利意识就越强，公众对政府履职的财务信息需求也会越大，从而能够从外部推动政府会计的发展，建立外部绩效监督机制，促进政府履职能力的提高。

政治环境方面，我国是相对集权的国家，下级政府除了履行受托责任以外，也要接受上级政府的控制和监督，以实现政府的整体目标。因此，在财务信息需求方面，公众、上级政府都是信息的需求者。同时，国际环境的变化也给我国政府会计改革提供了一定的参考和借鉴。

3.4 我国现行政府预算会计的现状、不足与改进

政府组织所处环境的变化对政府会计提出了相应的制度需求，是否改革取决于我国现行预算会计能否符合上述要求，如何改革还取决于我国现行预算会计本身的现状及不足。通过对现行预算会计进行分析，结合我国目前的政府组织内外环境，提出我国政府会计改革的现实需求和导向。

3.4.1 我国政府预算会计的现状

按照现代会计理论，会计按主体可划分为企业（营利性组织）会计和非企业会计两大分支，而非企业组织又可按资金来源分为政府组织及民间非营利组织。因此，会计可以分为企业会计、政府会计、非营利组织会计。政府会计是政府组织适用的会计。

3.4.1.1 我国会计体系的改革历史

自 1992 年以来，我国在企业财务会计方面进行了重大改革，基本建立了较完善的企业会计核算体系，2006 年 2 月 15 日，财

政部新闻发布会发布了39个会计准则，使我国的企业会计与国外基本接轨，适应了我国市场经济发展的要求。

2004年8月18日，财政部颁发了《民间非营利组织会计制度》，于2005年1月1日施行，该制度是我国第一部民间非营利组织的会计制度，标志着我国非营利组织会计规范体系建设迈出了非常重要的一步，是我国民间非营利事业发展的必然产物，使民间非营利组织会计更加规范化。

我国政府组织目前适用的会计被称为预算会计，是1997年为适应当时市场经济改革的要求而建立起来的。适用的相关会计制度是1997年制定的《财政总预算会计制度》，1998年2月发布的《行政单位会计制度》和《事业单位会计制度》。据历史考证，公元前11世纪，我国就有了官厅会计。一般认为，官厅会计是我国奴隶和封建社会历代王朝中反映和监督国家财政收支的工具，是实现国家财政管理的基本手段。政府是法律授予的管理国家事务权利的行政机关，用于反映国家事务的会计自然可以称为政府会计，因此官厅会计后来被改称为政府会计，新中国成立后又正式称为预算会计，现行的预算会计是我国特有的会计术语。

3.4.1.2 我国现行政府会计的特点

我国的预算会计大致相当于国外的政府会计，但是两者既有联系又有很大的区别。我国预算会计具有以下特点：

（1）预算导向。我国现行的预算会计组成体系与国家预算体系一致。预算会计是我国公共财政预算管理的重要组成部分，是为预算服务的，是实现国家财政职能、执行政府预算和监督的重要手段，同时也提供一些关于绩效方面的信息，以制定来年预算的基础。会计和预算的统一是通过一个共同的账户分类体系以及共同的收付实现制基础来完成的。预算和会计的关系相当密切，实际上，Pendlebury 和 Jones 就曾经提出“预算根本上就是先天的财务会计”的论点。

（2）按部门分类。我国的国家预算按照预算收支范围，可分为总预算和单位预算两类，一级预算单位构成一级预算，共五级预算体制。各级总预算由各财政部门负责组织执行，各级单位预算由各级行政事业单位负责执行。预算管理的体系决定了预算会计的组成体系，根据国家预算管理体系，我国预算会计按组织类别分为财政部门总预算会计和单位预算会计。财政总预算会计是各级政府财政部门核算、反映、监督政府预算执行和财政周转金等各项财政性资金活动的专业会计，主要核算和监督各级政府各项财政性资金运作及预算执行情况。财政总预算会计是目前我国政府会计的核心。

单位预算会计是指执行单位预算、办理单位预算收支的专业会计。按单位的性质不同，具体又分为行政单位会计和事业单位会计。

行政单位会计是指国家各级行政单位对单位预算资金的运动过程和结果进行全面、系统、连续地核算和监督的专业会计。行政单位会计又按机构建制和经费领报关系分为主管会计单位、二级会计单位和基层会计单位三级。行政单位的核算对象是各级行政单位资金运动过程中形成的资产、负债和净资产。行政单位会计核算基础为“收付实现制”，一般不进行成本核算。

事业单位会计是各类事业单位对其预算资金及经营收支过程和结果进行全面、系统、连续地核算和监督的专业会计，事业单位会计经费来源既有财政拨款又有自己创收，事业单位会计的核算对象是对各类事业单位在单位预算执行过程中的各项收入、支出和结余，以及在事业单位资金运动过程中形成的资产、负债和净资产。核算基础以收付实现制为基础，经营性业务也可实行权责发生制。

（3）实行三套会计制度。我国目前有三套适用于政府预算会计的会计制度，分别为《财政总预算会计制度》、《行政单位会计制度》和《事业单位会计制度》。我国目前执行预算会计的单位分别适用于上述三种不同的会计制度，其中财政总预算会计属于政策产品。同时，会计制度没有清晰说明使用者的需求问题，制度内容主要是财务资源、收入与支出以及资金转移的确认和计量问题。

3.4.1.3 我国现行政府预算会计核算现状

现行的预算会计制度与改革前会计制度相比，会计核算体系更加系统，方法更加科学，会计确认、计量和报告程序更加规范，财务报告内容也相对完整。

预算会计在西方发达国家中特指“追踪预算拨款使用的会计”，是政府会计中用于追踪支出周期各阶段交易的部分，是政府会计的一部分。我国现行的预算会计制度是通过核算来反映和监督政府及行政事业单位以预算执行为中心的各项财政资金收支活动为主要职能的专业会计，基本功能是追踪预算执行情况，通过追踪拨款与付款信息，提供管理者和决策者（包括上级政府）所需要的有关预算执行情况的信息，与国家预算紧密相连。有国家预算的单位和组织就有预算会计。我国政府的预算会计对于反映政府财政、财务收支活动，帮助相关部门监控预算执行情况，加强公共财政资金管理发挥了重要作用。同时，预算会计与我国政府预算保持一致，有什么样的预算，相应就有什么科目，对于监督各级政府预算执行情况有着重要作用。通过这次改革，预算会计摆脱了计划经济体制的束缚，并逐渐向市场经济体制下政府会计模式转变（李建发，2001）。

我国政府现行预算会计体系主要反映的是政府现金和短期资源的使用情况，目标主要是为了满足国家宏观经济管理和预算管理的需要。预算会计对象局限于预算资金运动流量，会计要素划分为资产、负债、净资产、收入、支出。我国预算会计的处理基础主要以收付实现制为主，不区分资本性支出和收益性支出，在支付时一律按支出处理。相应的会计等式为资产＝负债＋净资产，动态等式为资产＋支出＝负债＋净资产＋收入。在财务报告内容和对象上，政府以预算执行情况报告和预决算报告作为财务报告，提供给本级人民代表大会。

3.4.2　我国现行政府会计的不足与缺陷分析

随着社会主义市场经济体制的逐步完善，公共财政体制的建立和发展，政府职能的转换和服务型、绩效型政府的建设，人民民主意识的加强，政府组织内外环境发生的巨大变化，现行政府预算会计已经不能适应其存在环境的发展变化，在以下几方面存在着不足和缺陷。

3.4.2.1　现行政府预算会计目标及信息质量特征不完善

会计目标是会计信息系统期望达到的目的或境界，指引着会计信息系统的运行方向，决定着会计各要素组成方式以及处理方法。

周仁俊（1997）认为“会计目标是会计行为主体在一定社会环境中通过会计实践希望达到的结果……既不是一个纯主观的范畴，也不是一个纯客观的范畴，它是主观见之于客观的特性。会计目标以主观的形式表现出来，但是这种要求必须建立在充分认识会计的内在规律和外在条件的基础上”。葛家澍教授认为会计目标受人们（主要是信息使用者）主观期望的影响。因此会计目标应适应其存在的环境和本身的内在规律。

我国现行预算会计目标在相应的会计制度里做了明确的规定。1997 年出台的《财政总预算会计制度》第十二条规定，“总预算会计信息，应当符合预算法的要求，适应国家宏观经济管理和上级财政部门及本级政府对财政管理的需要”。1998 年 2 月发布的《行政单位会计制度》第十二条规定，“会计信息应当符合国家宏观经济管理的要求，适应预算管理和有关方面了解行政单位财务状况及收支结果的需要，有利于单位加强内部财务管理”。从以上规定可以看出，我国目前的政府预算会计目标是以适应国家宏观管理为导向，这一目标强调了政府相关部门和组织内部对会计信息的需求，但没有针对会计信息的公开透明性做出合适的范围界定。随着市场经济的逐渐完善、公共财政体制的建立和人民民主意识的加强，这种目标已经不能满足外部利益相关者，特别是委托人对于信息的需要。现行政府预算会计目标在很大程度上忽视了社会公众和其他利益相关者对会计信息的需求。人民是政府公共资金的提供者，有权利了解资金的使用信息。而现行的政府会计目标没有突出满足委托人的信息需求，造成委托人监督权利缺失，不利于政府绩效提升。

同时，现行的政府会计目标在一定程度上忽视了政府组织作为一个独立的会计主体所应反映的必要信息，其提供的信息集中于年度财政“收、支、结余”，仅限于当期财务资源，不能满足政府长期计划的制定需要，不能为政府的绩效预测、绩效决策提供更多的帮助，不利于提高政府履行职能、提供公共产品和服务的能力，不是真正意义上的政府会计。

另外，政府目标不完整，仅限于政府宏观管理目标，对资产风险没有做出合理地计量和体现，不能完整地反映政府部门和行政事业单位的资产负债状况，无法防范和降低政府的财政风险。在此目标下，政府提供的信息不完整，不能为政府整体绩效提升提供可靠的信息支撑。

因此，现有的政府会计目标提供的信息既不能作为绩效衡量工具，充分对外反映政府受托责任履行的过程和结果，也不能提供完整信息作为政府内部绩效管理的工具。

我国目前政府财务报告信息的质量特征要求在名称上是“政府会计一般原则”，并且没有形成完整体系，而是散布于现行各预算会计制度及相关的解释性文件中。如在《行政单位会计制度》的第二章中明确了会计核算的一般原则，如可靠性、可比性、一致性、及时性等。而在《财政总预算会计制度》第二章中，也同样就会计核算的一般原则进行了阐述，如可靠性、合法性、一致性、及时性、可理解性、重要性、资金专用性。

通过上述比较，我国目前政府会计信息质量特征方面存在以下问题：首先，我国政府会计信息质量特征的名称和国际尚未接轨，不利于国际比较，同时不利于规范政府会计信息披露制度。其次，我国目前的政府会计信息质量要求与我国的预算会计目标相统一，主要以预算控制为导向，各预算会计分支分别制定，尚未建立完整统一的政府会计信息质量特征体系。此外，预算会计信息并没有划分相应的层次，无法体现信息质量特征的重要程度。

3.4.2.2 现行政府预算会计的记账主体和报告主体不完整

现行政府预算会计体系是按组织类别分类的，包括财政总预算会计、行政单位会计、事业单位会计，各个分支相互割裂，分别适用不同会计制度，不利于信息整合和比较。三足鼎立的会计主体在客观上形成了相互分割、互不衔接的格局，使会计信息支离破碎失去可比性。更严重的是，现行预算会计的三个分支虽然都记录各自的交易，但没有哪一个分支完整地记录了支出周期上游阶段的预算拨款（授权）信息，中游阶段的支出义务（对应承诺交易）和应计支出（对应核实交易），（事前）财政监督、管理财政风险、评估财务状况和财政政策的可持续性，这些关键的管理决策职能几乎完全落空（王雍君，2004）。

按照相关会计制度的规定，各级财政部门和单位作为报告主体，向上级政府及本级人民代表大会提交财务报告。但由于财政总预算单位主要核算预算收支及执行情况，主要是以预算主体进行报告的，不能完整反映一级政府整体受托责任的履职能力。同时，现行制度里没有明确规定核算主体，使核算缺乏有效性。

同时，我国缺乏基金会计主体。基金是指具有特定目的和用途的资金。政府性基金是政府为进行公共管理活动筹集的资金。具体是指各级人民政府及其所属部门根据法律、国家行政法规和中共中央、国务院有关文件的规定，为支持某项事业的发展，按照国家规定程序批准，向公民、法人和其他组织征收的具有专项用途的资金，包括各种基金、资金、附加和专项收费。政府和事业单位的基金出资者不要求投资回报和投资收回，但要求按法律规定或出资者的意愿把资金用在指定用途上。为了体现这种专款专用的原则，政府应对政府的各种基金进行恰当的确认、计量、记录、报告，以核算和反映政府单位基金运营结果以及基金财务状况。因此，政府应该按基金的种类和用途设立基金会计，以合理确认收入、防止基金滥用、经费超支，以对基金的运用进行会计控制，保证专款专用及基金运用效果。我国现行的预算会计是按单位进行核算和报告的，没有按照不同的资金分开记录和核算，这样就使得我国目前的政府会计主体不完整，不能满足政府资金合理运用和反映受托责任的需要。

3.4.2.3　现行政府预算会计的会计处理基础不利于政府履职信息的完整反映

会计处理基础也称为会计确认基础，是指为达到会计目标而决定在何时确认交易和事项的影响。我国现行的政府总预算会计、行政单位会计在确认基础上采用收付实现制，以现金的实际收付作为确认当期收入和支出的依据。事业单位会计在会计基础方面区分使用权责发生制和收付实现制，一般收支采用收付实现制，经营性收支活动采用权责发生制。

收付实现制旨在计量会计主体在某个期间内收到现金与付出现金之间差额的财务结果，它以现金的实际收付来确认交易和事项。现金制基础的目标在于向报告使用者提供一定会计期间内筹措现金的来源、使用以及报告日现金余额等信息。在现金制基础下，财务报告不报告非现金资产的存量、负债、提供服务的成本等信息，存在着每期所列报的收入、费用与当期实际实现的收入、发生的费用存在差距的现实，难以反映政府的受托责任履行情况以及制定决策，提高政府绩效。按照现金制基础编制的政府财务报告提供的财务信息，不能够广泛和综合地向信息使用者提供绩效评价的财务信息，也不利于政府本身的绩效治理和绩效决策水平的提高。

随着政府职能的扩展，服务型政府和绩效型政府的建设，收付实现制处理基础在提供信息方面所固有的缺陷日益明显。

收付实现制处理基础无法准确反映政府资产、负债状况。在收付实现制基础上，对当期已经发生、但尚未用现金支付的义务不确认，对于政府的“隐性债务”（政府欠发工资、社会保险基金缺口等）和“或有隐性债务”（各种借款、政府未决诉讼等）不进行确认，这可能掩盖当前财政风险。对于跨期资本性支出，收付实现制在支付日即作为费用核销，因而预算报表就不包括此类支出的使用价值和服务年限信息。这种做法导致国有资产规模和数量信息失真，对这些资产的管理和监督也可能失控。因此，政府财务信息的使用者无法了解政府履职方面所拥有的各种资源，如政府拥有的资产（固定资产、无形资产等）和承担的负债（积欠的长期债务、拖欠的费用等），导致无法评价政府整体履职能力。

收付实现制处理基础也无法反映与政府履职结果相匹配的资源耗费。收付实现制不区分资本性支出和收益性支出，在支付时一律确定为支出。这种处理基础无法反映政府履职的资源真实耗费，不利于资源的优化配置和政府履职能力的提高。同时，由于收付实现制，使不同时期支出变动差异过大，使得公众对政府的提供信息及履职能力的信任度降低，不能完全地反映和解除受托责任，同时也不利于政府部门依靠信息进行绩效管理和控制制度的完善。

在收付实现制下，对于年度预算执行过程中当年无法支出的问题，如果按照收付实现制的要求处理，容易造成财政虚假平衡。因此，收付实现制下提供的信息不能客观公正地反映政府在各个会计期间提供公共产品和服务的实际耗费，不利于以此为基础对政府活动的效率效果进行评价和监督，也不利于政府内部的效率改进，不能完整反映政府履职业绩。

3.4.2.4 现行政府会计的核算内容不全面和会计要素划分不科学

我国的社会经济制度是以公有制为主体、多种经济成分并存的社会主义市场经济制度，国家拥有庞大的国有资产和资源，各级政府代行管理职能，对国有资源所有权和收益权的管理应是政府的一项重要的财务活动。政府会计应从财务的角度反映政府作为国民经济的组织者和管理者所从事、参与经济活动方面的特点，而不仅只反映政府作为财政预算的组织者、执行者方面的特点。

现行的预算会计对于一些政府性资金运动没有进行全面反映，如存货没有作为资产确认。按照现行制度规定，行政事业单位"库存材料"是"大宗购入进入库存的并陆续耗用的物资"。对于数量不大的办公用品，随买随用的，则按购入价值直接列为支出。这导致行政事业单位大量存货在尚未被耗用前即被列为支出，没有反映在资产负债表中，给存货管理带来困难，容易引起存货资产的流失。

现行的财政总预算会计没有规定核算和反映固定资产的内容，虽然行政事业单位会计要求对其拥有的固定资产进行核算，但是国家的财政预、决算并不要求反映固定资产方面的信息，这意味着用于购置政府固定资产方面的财政资金，一旦支出以后就退出了政府和公众的视野，不再对其进行有效的追踪和监管。其次，行政事业单位对固定资产核算，不计提折旧，随着时间推移，固定资产账面价值与实际价值背离越来越远。这样处理方式使预算会计信息不能全面准确地反映和披露政府拥有的资源，不利于加强财政管理和监督，不利于对政府部门使用公共资源的效率、效果和经济性进行评估。

我国现行的预算会计按组织类别划分为三类，遵循不同的预算会计制度，各自有一套会计要素，分为资产、负债、净资产、收入、支出五大要素，且要素定义较狭窄，没有核算政府履职费用。因此，现行政府会计要素不能涵盖政府活动全貌。

3.4.2.5 现行政府会计的信息披露制度不健全

会计的本质是向使用者提供信息。衡量会计系统是否运行良好的关键尺度在于能否及时提供信息使用者所需要的信息。为了满足外部利益相关者的需要，《中华人民共和国会计法》规定，各单位提供的会计信息应当真实、完整。会计法是规范会计行为的最高法律，政府作为会计主体必须遵循会计法的法律规定，提供全面、完整、真实的反映政府履职活动情况及结果的信息，以满足信息使用者的信息需求。

（1）政府财务报告制度缺失。我国迄今尚未建立政府财务报告制度，缺乏各级政府完整的财务报告。政府财务信息主要是通过预算文件和经济文件以财政报告的形式由全国人大、人大财经委、人大常委会预算工委以及地方各级人大及对应机构、财政部、税务总局、审计署、国际各级统计局等披露。而且现行的财政报告只是政府有关财政收支预算及执行情况的报告，有些信息在现行会计报表体系中没有得到反映。

（2）政府财务信息披露目标不完整。现行的"财政收支决算报告"目标包括满足各级政府及行政事业单位监督下级政府单位预算编制、执行的信息需求，满足政府宏观经济管理部门进行宏观管理的信息需求，满足立法机关和审计机关对政府收支的审核监督的信息需求。主要以决策有用为导向，未考虑公众、审计机构、相关利益人及潜在使用人的需求，并没有反映整个政府的财务状况受托责任及其履行情况，使财务报告脱离外部监督，不利于委托人外部监督权利的行使，不利于建立充分的委托人监督治理机制。

（3）政府财务信息披露内容不全面。我国现行政府会计在披露内容上缺乏反映完整预算过程的预算信息以及反映履职情况及结果的完整财务信息。

我国目前政府预算会计不能提供预算授权（拨款）、承诺、核实方面的信息，未能覆盖到诸如社会保障、政府担保、出口退税、税式支出等与“支出义务”、“应计支出”以及“或有负债”相关的信息，使有效监控预算执行、监控财政风险、评估政府财政状况和可持续性的工作变得十分困难。

在会计报告内容方面，缺乏能够完整反映政府资产、负债的财务报告完整体系，未能提供政府绩效和履职成本报告，没有提供合并的财务报告。其次，缺乏详细的报表附注，政府财务信息只揭示财务信息，不揭示非财务信息。再次，报表列示不符合国际惯例，如行政事业单位的收入和支出项目既在收入支出表中列示，又在资产负债表中列示。同时，报表缺乏公允性，在西方国家，没有附上审计鉴证报告的财务报告，是不具有效力的政府报告。虽然我国的政府审计机关也进行财政和经费收支情况以及结果审计，但是我国的政府审计报告是与政府财务报告相分离的，影响报表的公允性和公信力。

现行政府财务报告的内容难以提供政府财务状况及财务绩效的全貌，不能全面地披露政府层面的财务状况、收支情况以及绩效考评情况，造成政府财务状况透明度不高，无法使政府的行为完全受制于立法机关和公众的监督和管理，无法建立有效的委托人外部监督机制，不利于政府绩效监督治理下的财务管理和预算管理。

综上，我国 1997 年重新构建的政府预算会计体系，并不是真正意义上的政府会计体系。随着公共财政的构建、政府职能转变、服务型政府和绩效型政府的建设，对财政资金的使用效率提出了更高的要求，收付实现制的会计基础，已经不再适应新的预算管理的要求。政府财务信息使用者无法通过政府预算会计全面了解影响政府履职能力的各种固定资产、无形资产等资源信息，不利于对政府部门使用公共资源的效率、效果和经济性进行正确的决策和管理，不利于政府采购、部门预算和国库集中支付等预算管理活动的落实。同样，对政府全部负债不能在财务上得到确认反映，对未来的各种或有债务和风险也不能做到防患于未然，不利于政府内部绩效管理。

3.4.3 与环境相适应的我国政府会计改革要求

我国政府现行预算会计是在适应当时市场经济改革的要求，促进我国财政资金管理需求的基础上建立的。但是，随着我国公共财政体制各项改革措施的完善，绩效型政府目标的建立以及国际政治、经济形势的巨大变化，我国政府及政府会计环境都发生巨大变化，我国现行的政府预算会计已不能适应环境的发展。

与发达国家相比，我国预算会计的主要弱点在于不能提供实时和全面的财政信息以满足信息使用者的需要，尤其是满足立法机关（详细审查预算）、一般公共和金融市场（需要评估政府全面的财政绩效）的需要，甚至也不能满足财政部和审计机构强化财政管理和监督的需要（陈小悦，2005）。因此，从严格意义上讲，我国目前还没有能够全面反映政府经济资源、现时义务和业务活动全貌的政府会计体系（刘玉廷，2004）。

我国现行政府会计存在的以上弊端，已经大大制约了我国公共财政体制的建立和完善，不利于行政效率的提高，在国家宏观层面上也阻碍了国民经济的有序健康发展，不利于经济效率的整体提升。因此，需要改革我国现行预算会计，构建适合我国政府组织环境、有利于促进政府绩效的政府会计体系。

3.4.3.1 以提高政府绩效，履行公共受托责任为导向

根据委托代理理论和公共财政理论，政府受托管理国家事务，提供公共产品满足公众的需要，良好的政府履职绩效能够最大限度地满足公众的利益。善治是公共利益最大化的社会管理过程，善治的本质在于它与公民对公共生活的合作管理，是政治国家与市民社会的最佳状态。作为善治的治理强调效率、法制、责任的公共服务体系。政府会计通过完整地反映政府履职信息，为

委托人绩效评价提供依据，达到外部监督和激励的作用，使公民及其他利益相关者能够参与政府绩效治理之中。作为社会控制体系的治理指的是政府与民间、公共部门与私人部门之间的合作与互动。对于政府本身来讲，完整的信息有利于政府本身的绩效管理，提高政府绩效，有利于政府所履行的受托责任得以实现、政府组织得以有效运作、公众和政府达到和谐状态。政府会计的改革也应考虑成本效益，选择绩效最大化的改革路径和变迁模式。因此，政府会计改革应以提高政府绩效，履行公共受托责任为导向。

政府绩效包括政府的行为、结果及影响，政府行为目标又影响着政府的投入和产出。政府的行为目标具有多重性，既包括效率目标，又包括公平目标等，政府部分非市场化的行为难以观测和衡量，非经济性的产出和结果难以用价值来量化。会计本身是财务信息系统，主要是提供量化的价值信息，政府会计提供的信息具有一定的局限性，并不能够全面反映政府的活动和结果。

但是，服务型政府、绩效型政府要求政府目标实现一定的情况下政府耗费资源最低。绩效导向型政府会计系统必须能够全面反映政府履职的真实耗费以及成本、现实负债以及潜在负债等资源耗费、存量等履行受托责任情况的信息。外部委托人通过政府会计反映的受托责任履行的相关信息进行绩效评价，有利于政府监督机制的建立，从根本上解除委托代理关系中的代理人风险。从政府内部来讲，会计作为内部运行的信息反映，有助于决策者做出客观的评价，使会计信息成为内部决策的依据，通过有效的内部绩效管理，从而提高政府整体履职绩效，履行受托责任。

Phillips 等学者（2004）认为，定量绩效信息的缺乏已成为制约绩效评价理论与实务发展的瓶颈，脱离数据支持的评价体系无法准确地反映政府公共受托责任的履行情况。政府财务报告是社会公众可以获取的、关于财产保管责任的唯一综合性报告，政府财务报告的披露在一定程度上解决了政府行为难观测性的问题，有助于社会公众评价政府履职业绩，行使监督权利。另一方面，会计作为一种货币化的经济信息系统，在提供定量财务信息方面具有天生优势。政府可控经济资源的存量、政府债务的规模及其结构、政府财政收入和公共支出等，都可以通过会计系统采用特定会计处理方法提供的数据予以体现。会计系统能最大可能地解决现有政府绩效评价体系缺乏定量信息的瓶颈问题。此外，Pollitt 等（2000）还认为，企业型的会计系统和基于此的财务分析体系能有效地为政府绩效评价提供支持，从而解决公共部门的委托代理问题。政府会计系统及其生成的财务报告能在最大程度上为利益相关者评价政府公共受托责任的履行情况（绩效）提供定量信息支持。在政府组织中，政府会计与绩效系统为都是重要的信息系统。政府会计为绩效系统提供第一手资料，同时也结合预算成为控制收支、管理收支最基本的工具。

会计目标的受托责任观认为，会计正是为了特定主体履行受托责任和解除受托责任而产生的。政府会计对外报告也是如此，其存在的目的是最大限度地解除政府公共受托责任。同时，公共受托责任解除的关键应在于政府绩效信息的全面披露与评价，政府会计系统的完善有助于解决政府组织中存在的委托代理问题。因此，有必要以提高政府绩效，履行公共受托责任为导向，对现有政府会计体系进行改革。

3.4.3.2 与环境和政府会计本质相适应

政府会计改革受一定的动因影响，影响因素分为内因和外因，内因是政府组织本身变化因素，外因是政府组织外部环境影响，外因通过内因起作用来影响政府会计改革。政府会计应和政府组织的内外因素相适应，以实现组织目标，同时政府会计改革也应和我国政府组织环境相适应，与我国现行预算会计相衔接。

会计应适应环境，通过分析政府组织环境因素的变化及对政府会计的影响，从政府会计本质出发，界定政府会计职能和目标，以目标为起点建立政府会计核算体系，实现政府会计目标。

4 我国政府会计目标的定位

目标（Objective）在《现代汉语词典》里释为“想要达到的境地或标准”。会计目标是人们利用会计系统希望达到的境地。组织的会计目标是组织进行会计工作所要达到的目的或境地，是会计实践活动的导向。会计目标是现代应用会计理论研究及实践活动的逻辑起点。进行政府会计改革，首先应界定政府会计目标。

4.1 关于会计目标定位的理论研究

会计目标是人们利用会计实践希望达到的境地，内容是人们主观期望的结果，但目标的制定受制于多种因素。

4.1.1 关于会计本质和职能的理论研究

事物的本质决定着该事物运动、发展和变化。会计的本质也决定着会计的运动、发展和变化。目前，国内关于对会计本质的认识主要有三种说法：“信息系统论”（葛家澍，余绪缨、吴水澎、邱宗舜、陈汉文等）、“管理活动论”（杨继婉、阎达伍、娄尔行）、“控制系统论”（郭道扬，杨时展）。

国外对会计本质的认识：马克思的观点可概括为“价值的反映和控制”论，韦伯的看法可归结为“理性核算和调节”论，霍斯金与迈克夫的主张可表述为“经济书写”论，桑德的结论可简称为“契约关系”论。20 世纪 60 年代后期，美国提出“会计是一个信息系统”（AAA，1966），认为会计从本质上讲是一个信息系统，会计既是一个经营实体一般信息系统的一部分，也是信息概念范畴中的一部分。国外著名会计学家 Yuji Ijiri（1975）认为组织是个人或团体之间契约，会计是便于协调各利益集团之间财产经管责任的系统，是“组织赖以存在的基础”。

以上关于会计本质的认识虽各有不同，但相互之间并不矛盾。我国会计学家吴水澎教授认为信息系统论和管理活动论基本一致，只是认识的角度有所不同。而外部控制的原因是基于委托代理契约关系中存在的信息不对称，控制基础就是会计主体对外提供信息，同时，内部控制本身就是管理的一个活动，是利用会计系统提供的信息参与管理活动，是控制职能的体现。因此，把会计理解为一个提供财务信息的系统，更能反映会计的特质，也才能将会计和其他管理学科区别开来（吴水澎 2007）。会计作为财务信息系统受到组织内外因素的影响，人们研究会计的目的是为了构建这个系统，使其能为组织和其他信息使用者提供财务信息。因此，会计的本质是组织中人造财务信息系统。

会计职能是人造会计信息系统本身的功能和作用。对会计职能的认识，国内比较有代表性的观点有“一职能说”，如杨时展教授的“反映受托责任职能”，陈铁钢的“信息系统论”；“二职能说”，如杨纪婉教授的“反映”和“监督”，葛家澍教授的“反映”和“控制”，朱鸣皋“反映和管理”；除此之外，还有三职能说、四职能说、五职能说、六职能说、七职能说、八职能说。这些职能又加入了相应的管理职能，如预测、参与、分析、规划等。美国会计学家佩顿在早期的《会计理论》（1922）中写道：“会计的职能就是记录、分类、整理与提供有价值的数据，以便所有者（主体）和代表（管理者）在处置时能周全地使用资本”。

会计职能是会计本身所客观存在的，但人们对会计职能的认识和利用不是一成不变的，它的发展变化既取决于会计所处环境的变化，也取决于人们的思想认识水平的变化。

在现代两权分离的经济条件下，会计主体是一个契约组织。

所有者委托经营者进行经营，经营者对委托人存在着相应的受托责任，目标是实现委托人的利益。会计作为一个财务信息系统，通过会计核算，获得会计主体的相关财务信息，能够反映会计主体的经济活动和结果，天生具有反映其经济活动的职能。会计的反映职能是指通过一定的会计方法，遵照公认财务会计准则的要求，正确地、全面地、及时地、系统地将一个会计实体单位所发生的财务会计事项表现出来，并通过科学的分类方法，将不同性质的会计事项分门别类地、集中地表现出来，以达到揭示会计事项本质的目的。反映职能包括会计信息确认系统、会计核算系统和会计报告系统，在两权分离的情况下具有内部反映和外部反映职能。会计反映职能是现代会计工作的最基础职能，它通过会计信息系统所提供的信息，既服务于会计主体内部的决策者，又是会计部门参与决策进行内部控制和监督的依据。会计反映既服务于组织内部管理，又服务于外部委托人以及其他的利益相关者，如财税、金融及审计部门。

会计所反映的财务信息的突出作用是为会计监督主体提供监督服务。反映本身具有监督的作用，同时系统的构建需要一定的会计核算程序，会计主体通过会计核算程序对会计目标的实现情况进行会计监督。会计监督职能是指相关人员通过会计核算程序进行的内部监督，外部利益相关者利用会计提供的信息对会计主体的经济活动进行检查督促，使其资金活动符合规范要求及履行承担的受托责任。我国会计法中按照会计监督的主体分为单位内部监督、国家监督和社会监督，构成三位一体的监督体系。监督的原因主要是因为监督主体和客体之间可能存在利益冲突，监督是利用会计本身的核算程序和提供的信息来进行的。

因此，反映职能和监督职能是会计信息系统本身基本的职能。会计反映和监督职能主要是通过构造会计核算体系，运用相应的会计核算程序，通过会计核算来实现的。

至于会计的协调、分析、预测、决策、控制等其他职能的出现，则与环境的变化有关，是人们对会计职能的认识和利用的衍生和扩展。当经济活动规模和复杂性到了一定的程度后，会计成为一项独立职能分工的边际成本小于其学科独立带来的边际收益时，会计就从其他经济管理职能活动中分离出来，形成其独立的职能（吴水澎，2000）。研究该职能的学科也随之产生和发展，又会促进该职能的发展。随着环境的复杂化，控制对于契约双方的利益实现变得至关重要，控制的目的是为了实现一定的利益目标，相关人员利用一定的会计规则和标准，运用一定的方法对会计主体的经济活动进行的驾驭或支配，以实现预定的目标。控制职能是人们利用会计反映的财务信息实现目标的手段和方式，是会计的衍生职能，包含会计事前计划、事中控制、事后控制等来实现会计目标。具体包括决策、计划、监督、分析、考核等内容。会计控制按照控制主体可分为内部会计控制和外部会计控制。

4.1.2 关于会计目标的理论研究

会计本质是人造会计信息系统。严格来讲，会计目标应称为人造会计信息系统的目标，是会计行为主体构建和完善会计信息系统所期望达到的目的。会计目标决定着会计核算过程的发展方向和方式，会计信息系统的最终产品是财务报告，财务报告就是会计信息系统运行的指向以及需要达到的基本要求，也是整个会计信息系统运行的定向机制。

1960年，迪瓦恩在《研究方法论与会计理论设计》一文中，第一次提出了会计目标在会计理论体系中的重要性，“企业在构造一种服务职能的理论体系中，第一个程序是建立职能的目标”。直到此时，会计目标理论才真正作为会计理论的逻辑起点进入会计人员的研究视野中，并因此揭开了会计理论研究新篇章。亨德里克森在其《会计理论》中提到：“任何研究领域都要以阐明范围和确定目标为出发点”。会计目标决定着会计信息系统的构成和运行，是构筑会计工作的出发点和最终目的。

会计是财务信息系统，基本职能是对所从事的经济活动过程进行反映和监督，并通过一定的方式实施控制，以达成组织目标。因此，会计目标对特定的组织来讲，应服务于组织经济活动的目标。会计目标体现了环境对会计的客观要求，是会计职能的主观反应。

关于会计目标的观点目前主要有决策有用观、受托责任观、双重目标观和经济效益观等。

决策有用观是在证券市场日益扩大化和规范化的历史经济背景下形成的其代表人物有罗伯特·N·安东尼（Robert. N. Anthony）、罗伯特·T·斯普劳斯（Robert T. Spruse）、E·S·亨德利克森（E. S. Hendriksen）等，美国会计学会（AAA）与美国财务会计准则委员会（FASB）也是决策有用观的倡导者。决策有用观认为会计的目的是提供经济决策有用的信息。在完全的市场条件下，投资者进行投资决策需要大量可靠而相关的财务信息，而信息的提供必须借助于会计系统。因此，会计系统必须以提供信息服务于决策为目标取向。美国财务会计概念公告第一号（FASB，1978）贯彻的是决策有用的思想。美国会计学会执行委员会在《基本会计理论说明书》（1996）将会计定义为“……确认、计量、传输经济信息的过程，满足信息使用者进行充分的判断和决策的需要（加以强调）”。在该定义中强调了会计目标的使用者决策的需求观。

受托责任观是对基于财产所有权受托责任的研究结果。受托责任的概念起源于财产权利——所有权和使用权，使用权是在所有权的基础上产生的，当所有者将使用权交付给代理人的时候，代理人便对委托人负有受托代理责任。代理人向委托人提供的会计信息是其履行受托责任的反映。

“决策有用观”和“受托责任观”是目前美国会计学会关于会计目标的主流派观点。决策有用观和受托责任观是从不同的角度对会计目标进行阐述的。在受托责任观下，委托方和受托方关注着受托资源的保值增值，委托方甚至还可以向受托方提出管理受托资源的具体要求（Yuji Ijiri，1975），受托责任观形象的描绘了委托方和受托方的权责关系及其在认定受托责任履行情况的作用①，在促进受托责任履行方面起到很大的作用。决策有用观从提供信息功能的角度回答了会计信息的目标，即对信息使用者决策有用。但是不同的信息使用者对信息的质量要求是不同的，过分强调决策有用的话，很难平衡信息使用者不同的信息需求。

针对受托责任观和决策有用观的优劣，有的学者力图在二者之间找到某种平衡，可称其为融合学派，或称双目标观。Anthony（1983）认为在现时世界复杂的环境中，决策有用观不是一个合适的会计目标的标准，提供对各种投资者有用的会计信息不一定会导致财富的增加，会计信息的披露应该在使用者的需求与管理层的控制需求两方面之间作出权衡，以达到财富增加的目的。我国会计学者赵德武教授在其《论会计目标理论的重新构造——一种融合理论及其应用》（1997）中提出会计目标的融合理论，认为会计目标在于提供有用的会计信息，会计信息的有用性表现在于有助于经济决策和反映受托经营责任两个方面。

此外，经济效益观认为会计是经济管理的一个组成部分，会计的最终目标是提高组织的经济效益，持此观点的有阎达五教授、葛家澍教授、吴水澎教授等，这种观点是更深层次的会计目标。

4.1.3 会计目标定位需考虑的因素

组织存在于一定的环境之中，不同的组织外环境影响组织的结构、功能和目标。根据会计主体论的观点，会计服务于组织，组织内因素的变化必然对会计产生相应的影响。会计目标是人们

---

① 吴联生．会计目标：信息需求论［J］．财会通讯，2001（8）．

在一定的环境下主观期望的结果。“会计目标是会计行为主体所期望达到的结果和基本要求，它是整个会计管理系统运行的定向性机制，决定着会计管理过程的发展方向和方式，亦即会计作为一个系统所要达到的目的”[①]，因此，会计目标必然受到环境的影响。

同时，会计目标的实现不能脱离会计的本质和功能。会计职能是“事物、机构本身具有的功能或应起的作用”，它是“一个事物本质的功能，是该事物本质的表现”（吴水澎，2000）。葛家澍教授认为：“会计职能是会计本质的具体化，或者说是会计这一客观事物的内在要求”[②]。职能和目标是抽象与具体的关系，会计职能是会计的本质属性，会计目标是一定环境下会计职能的具体化。因此，会计本质及对职能的认识，制约着会计目标的设立和达成。

4.1.4 会计目标的层次性

会计目标与会计环境有着密切关系，会计目标是会计行为主体在一定环境下对会计工作提出的要求及希望达到的境地。不同的环境下，行为主体对会计目标的认识和要求有很大的差别，会计环境越复杂，对会计信息的需求越高。同时，随着组织目标的多元化，会计工作的目标也越来越多元化，目标本身具有一定的层次性。会计是一个信息系统，系统是有层次性的，正如西蒙在《管理行为》中指出，“人的大量行为负有意图……它们是意在目标或指向目的的”，而目的是一种“系列的、层级式的概念”。20世纪50年代美国会计学家利特尔顿在《会计理论结构》一书中把会计目标分为中间目标、前提目标和最高目标，美国政府会计

① 冯巧根．对会计目标的思考和探索［J］．广西会计，1993（7）．

② 葛家澍．会计的基本概念：一个以提供财务信息为主的经济信息系统［J］，会计学刊，1986（2）．

准则委员也把报告目标分为三个层次。

4.2　我国政府会计的职能及目标界定

我国现有政府会计以适应国家预算、满足宏观管理为目标。随着政府组织内外环境因素的变化，现有的政府会计目标已不能适应我国公共财政体制的建设及经济体制改革的要求。为了建立适应环境因素要求的、强调政府绩效的政府会计体系，需明确政府会计的目标，以此来指引我国政府会计体系的改革。政府会计目标的制定是政府组织环境与政府职能共同作用的产物，受政府会计职能的制约。

4.2.1　我国政府会计应具有的职能及有效利用

会计职能是会计本身固有的可以见之于客观的功能，会计职能取决于会计的本质。会计本质是一个以提供财务信息为主的信息系统，会计基本职能是反映和监督职能。客观环境的发展使人们对会计职能认识和利用也随之深化，逐渐衍生新的职能。

人们根据一定时期的环境需要，在会计的一定职能内赋予会计一定任务，要求完成的会计任务就体现了会计目标的实现。会计目标体现着人们的主观意图，但目标所要求的任务不能随意增加，它受制于会计职能所容许的范围。会计目标的实现与两个重要因素有关：一是会计所处的组织内外环境因素，即会计所处的社会历史时期、社会政治经济制度、组织形式等；二是会计内在自身的与本质和职能相关的因素，即会计信息系统被人们认识和利用的程度。

会计的反映职能可以使信息使用者掌握组织运行的财务信息。从信息论和系统论的角度，会计信息系统对组织内部的反映职能，可以为管理者进行决策提供及时的财务、成本等信息支持，是管理者决策的工具，具有决策支持作用。从信息论的角度，在存在委托代理关系下，委托方能够通过会计对外反映的信息了解、评价组织绩效，监督代理者受托责任的履行情况，并可据此作出决策，是继续授以代理权还是终止代理权，以此实施所有权控制。会计系统通过对组织外部的反映，可以起到反映、监督和控制的作用。从控制论的角度，会计本身有严密的核算系统，它能够服务于组织的内部，从过程和结果上进行内部监督。同时，内部管理者可以利用会计核算系统提供的信息，运用管理会计相应的计划、预测、分析等控制方法，可以实现组织的绩效，以履行受托责任，使委托代理关系得以继续存在。

在我国政府组织和公众及其他利益相关者之间也存在着委托代理关系，政府对委托人负有经济责任，也负有许多非经济责任。政府履行政府责任会有一定经济后果，会消耗一定经济资源。委托人可以通过政府反映的财务信息评价政府组织受托责任的履行情况来进行外部监督，以促使政府实现履职目标，即提供最终委托人需要的公共产品和服务。由于我国实行间接民主，即通过选举代表组成人民代表大会，人民代表大会作为权力机关拥有立法权和政府资金预算批准权。社会公众作为权力和资源的最终委托人，并不具有直接具有控制政府的权力。因此，作为政府的外部最终委托人，主要是通过政府会计系统反映的政府履职相关财务信息，来实施外部监督，履行监督权利。政府会计作为财务信息系统，对外部委托人主要是通过提供反映政府履职的经济资源筹集、耗费以及结果的信息，接受外部委托人的监督。因此，政府会计对最终委托人的主要职能是反映和监督职能。

政府的权力和职责是立法机构赋予的，政府履行职责中需要的主要经济资源的取得和运用体现在政府预算的批准上，立法机构通过对政府履行职责所需要的经济资源投入和使用过程进行批准来实施控制。政府预算必定要和一定的会计方法相联系。政府在履职过程中发生一定的支出和耗费，体现政府履职收支情况及资源耗费情况的会计信息，是政府履责报告的重要组成部分，这部分报告的职能就是要把政府履行的职责和政府占用和消耗经济资源的情况联系起来，具有反映和监督的作用，并通过预算审批实施控制。政府内部通过会计核算系统提供的财务信息实行政府绩效管理，通过会计指标的设定、分析和预测，实行内部监督、管理和控制，以达到权力机构的控制要求。因此，我国政府会计对立法机构和政府会计内部主体的职能主要是反映、监督和控制职能。

会计系统具有一定的自身局限性，主要是对能够价值计量的信息进行确认、计量、记录和报告等会计核算活动，对于其他不能准确计量的信息很难通过会计系统来反映、监督以及控制。政府行为和结果具有不可完全观测或计量的特点，政府履行职责的情况并不能全部通过政府会计信息或报告反映，需要其他的信息渠道，例如国民经济统计系统、政府工作报告等来反映。正如麦克赛尔教授所认为的，即使达到极其完善的阶段，政府会计也不可能成为良好政府的保障，至多不过是促进有效财务管理的工具。政府会计并不能为政府提供包治百病的灵丹妙药，也不能完全克服那些兴趣索然、信息需求不同的公民的影响。政府会计不能代替公务员的诚信和廉洁，有助于抵制但不能消除公民个人、公司以及影响各级政府的压力集团的一己私欲①。政府会计体系的基本作用，是通过提供政府履职的财务信息对内支持政府财务管理的能力，并且能够证明会计主体是否遵从法律、预算及是否履行所承担的财务受托责任。当财务信息用于外部使用者时，则期望符合公认会计原则（Generally Accepted Accounting Principles，GAAP）。政府面向外部使用者的财务报告是政府履行受托责任的反映，具有外部反映职能，对于关心自己切身利益、民主意识较强的公众来讲，具有相应的监督职能，在实行直接民主

① 厄尔·R·威尔逊，苏珊·C·卡特鲁斯，里昂·E·海．政府与非营利组织会计［M］．荆新，译．12版．北京：中国人民大学出版社，2005：10.

的国家，具有一定的控制职能。

我国是间接民主国家，随着我国公民受教育程度提高，民主权利意识增强，人们对政府履职财务信息越来越关注。在这种情况下，政府会计对外部最终委托人提供财务报表，具有反映和监督职能。政府会计的核算过程是在政府组织内部完成的，通过核算组织程序进行会计核算，能使政府组织了解自己的财务状况及履职成本等财务信息，本身具有反映和监督职能。同时，根据核算反映的信息进行决策，通过一定的控制程序、方式和方法实现政府的目标，这是对政府会计充分利用的结果，是政府会计在外部监督机制下衍生的控制职能。因此，我国政府会计基本职能是反映和监督，近一步衍生出管理和控制职能。政府会计衍生职能是对政府会计充分利用的体现，衍生职能的实现程度代表着政府会计作用发挥的程度。

4.2.2 政府会计目标与政府财务报告目标的异同及对政府会计改革的作用

政府和公众以及政府内部都存在着委托代理关系。委托代理关系的本质要求受托方通过一定的行为实现所承担的责任，政府财务报告是委托方获取信息的载体，是政府所承担财务受托责任履行情况的反映。

政府会计目标和政府财务报告目标并不等同，具有一定的区别和联系。会计可以从以下角度进行分类，如从会计所服务的组织是否以营利为目标角度进行分类，会计可分为企业会计和非企业会计，非企业会计按资金的来源及运作方式分为政府组织会计和民间非营利组织会计。因此，政府会计是会计按组织类别进行分类的一个分支，政府会计目标是指政府会计信息系统运行需要达到的目标，与政府组织特点及政府行为职能目标有关，与政府承担的受托责任履行有关。

另外，会计按照所承担职能角度进行分类，可分为财务会计和管理会计。政府财务会计是对政府会计主体已经发生的交易或事项，通过确认、计量、记录和报告等程序进行加工处理，并以财务报表为主要内容的财务报告形式，向外部利益相关者提供反映政府与履行受托责任过程相关财务信息为主的财务信息系统。政府财务会计是政府会计中反映和监督职能的体现，主要是为这两种职能服务的。作为政府财务会计系统最终产品的财务会计报告，是政府会计主体对委托人证明其履职情况的信息载体，主要体现政府会计反映受托责任的职能，满足利益相关者的信息需求，尤其是外部委托人和利益相关者借以评价、监督和决策的信息依据，并且也能借以解除所承担的受托责任。因此，政府财务报告目标是政府会计目标实现情况的外在表现和反映。

通过以上分析，政府财务报告是基于政府会计主体外部委托人权利和政府承担责任角度制定的，具有一定的外部需求导向性。因此，政府财务报告目标一般应具有一定的强制性，以保证政府提供信息的准确性，能够真实地反映政府履职情况的财务信息，便于委托人了解政府的财务受托责任的履行情况。政府财务报告目标的作用，主要是通过制定以财务报告目标为起点的政府财务会计概念框架，来强制性地要求政府对外提供的会计信息的质量。如美国的政府会计准则委员会（GASB）在 1987 年 5 月发布政府第 1 号概念公告时，使用的是财务报告目标（Objectives of Financial Reporting），美国联邦会计准则咨询委员会（FASAB）在 1993 年 9 月发布第 1 号概念公告时，使用的是联邦财务报告目标（Objectives of Federal Financial Reporting）。政府财务报告目标的制定和实现，有利于解决委托代理关系中的信息不对称问题，通过强调权利和责任，实现政府的外部绩效治理，促进政府履职绩效提高。

政府会计目标是整个政府会计体系改革与建设需要达成的目标，受到政府组织特点、职能以及外界环境因素影响。政府会计目标是政府组织利用会计系统希望达成的目标，具有一定的内生性，受外部环境和政府治理机制的影响。

通过界定政府财务报告目标，明确政府财务报告的信息使用者，在信息使用者信息需求的基础上确立我国政府会计准则体系，指导建立我国政府会计核算体系。在明确政府会计目标的基础上建立我国政府会计体系，充分利用政府会计核算体系提供的信息进行内部绩效管理和控制，以提高政府绩效，实现委托人的利益需求。

4.3 我国政府会计目标和政府财务报告目标的定位

政府会计目标和政府财务报告目标既有区别，又有一定的联系，政府会计目标包含政府财务报告目标，财务报告目标又能够促进政府会计目标的实现。

4.3.1 政府责任与我国政府会计目标的全面定位

民主社会中，公众和政府之间存在着委托代理关系，公众作为委托人提供权利和资源，政府作为受托方承担相应公共受托责任。在公共财政体制下，政府的职能和作用是提供市场不能满足的公共产品和服务，同时政府在履职过程中依据公共权力占有和消耗一定的资源。

政府会计是政府组织的财务信息系统，主要提供能够计量的、与政府履职行为和结果相关的财务信息。系统本身具有层次性，政府会计目标也具有一定的层次性。政府会计目标是政府组织利用政府会计信息系统在一定环境下期望要达成的目的，也就是会计主体希望政府会计被用于解决的问题。

会计目标的研究一直沿着两条不同的思路进行，即规范性目标和实证性目标。规范性目标主要是建立在演绎法基础之上的，期望通过目标的界定，提出会计应当提供什么样的信息，以期改进现行会计程序与结构。实证性目标主要是借鉴实证经济学的分析手段，将会计目标从纯粹的逻辑推进发展为在一定的推理之上、用大量的经验数据来验证结论。这两种都是从会计信息使用者需求的角度来分析会计目标，即会计目标的需求导向。政府会计信息的需求者包括外部委托人和内部管理者及其他利益相关者。政府是存在委托代理关系的公共契约组织，要确定政府会计目标，首先必须回答政府的职能和作用以及行为目标。

政府组织和企业组织具有很大的差别。首先，政府组织是一个规模极为庞大且内部结构较为复杂的受托责任体系，内部存在着较为复杂的委托代理关系。其次，政府不以营利为目的，部分的政府行为发生在市场之外，政府行为目标具有多元性，既包括经济效率目标，又包括物价稳定、社会公平等目标，评价行为和结果的标准包括公平标准和效率标准。政府会计本质要求提供能够计量的财务信息，因此，进入到政府会计核算系统的政府行为和结果必须能够进行确认、计量，具有可计量性。政府行为的目标特点，决定了能够进入到政府会计系统的行为结果信息受到一定的限制，如政府构建的社会保障体系、国防体系、国有土地资源的运用等满足公平性原则以及提供纯公共产品的政府履职结果难以进行确认和计量。

政府履职过程中需要一定的资源耗费和支出，这种资源耗费和支出是能够以货币进行计量的，并且相对于公众对公众产品和服务的需求，政府所掌握和控制的经济资源是稀缺的。会计学作为经济学的一个重要部分，以其货币计量、综合性、真实性等特征提供关于经济资源的流动（流量、流向、流速等）、分配和配置的有关信息，可以说，会计学是在资源稀缺的前提下产生和发展起来的[①]。政府履职过程，就是将资源集中到政府手中，并由

① 林钟高，赵德武，章铁生．会计信息目标的一种理论解读［J］．财经科学，2001 (5).

政府支配使用，来实现政府职能、实现委托人目标的过程。对于政府来讲，如何运用政府资源促进经济的发展和社会财富的增加、满足公众的公共需求，提高受托责任的履行能力成为现代政府的首要目标和责任。服务型、绩效型政府要求政府提高效能，最大限度地满足公众的利益和需求。政府会计作为政府基础性的信息系统通过提供准确信息，提高政府绩效，实现政府履职责任。

政府会计的基本职能是反映和监督，衍生职能是控制。通过政府会计的反映和监督的职能来满足信息使用者对信息的需求，通过政府会计的管理和控制职能实现委托人的利益需求，实现政府责任。一个现代民主的政府应为它受托履行的职责承担绩效性责任。绩效既包括行为过程，也包括行为结果，是对政府组织履职过程和结果全面、系统的反映。无论是会计系统控制观中的控制，报告观中的对外报告，还是战略观中的实现战略，无一不是围绕着组织绩效展开，目标都是为了促进政府绩效。

因此，政府会计的终极目标是通过对政府行为及结果的会计确认、计量、记录、报告，提供政府履职资源的流动、分配和配置信息，提高政府履职绩效，优化资源配置。在国际新公共管理运动的影响下，要求政府用企业家的精神和私营企业的工商管理技术方法来改造政府，政府及政府部门应当承担更多的绩效性受托责任，即政府管理和使用资源应具经济性、效率性和效果性。政府会计的这一目标恰能反映这一时代的要求，通过提供有效信息提高政府对受托资源的管理和使用绩效。

政府会计的终极目标定位为有利于资源的优化配置，只有高绩效政府才能满足这一目标。实现资源的优化配置，要求政府和公众达成一个协调，即政府对外要实现政府履行受托责任的完整反映，健全外部监督机制，政府履职受托责任的完整反映要求政府经济信息的对外透明，即高会计信息透明度；对内要使政府会计成为政府绩效管理的工具，有助于绩效管理和控制。因此，政府会计的中间目标就是满足内外信息使用者的信息需求，提供能够全面反映政府履行受托责任情况的信息，符合外部委托人、利益相关者和国家内部绩效管理和控制的信息要求。

合理的政府会计所提供的信息既要能够满足外部信息使用者的要求，体现政府履职过程中对外承担的会计报告责任，又要能满足政府内部信息使用者绩效管理和控制的内在需求，这些都对政府会计信息的内容和质量提出具体要求。

因此，政府会计的具体目标就是提供有用信息，满足信息使用者的需求，即会计信息质量要求，政府会计的中间目标和具体目标主要解决政府会计应当向谁提供信息、为何提供信息、提供什么信息以及以何种方式提供这些信息这样四个问题。

高会计信息透明度以完整、清晰反映政府受托责任和有利于政府决策的信息需求为标准，是公共财政的内在要求。这就需要统一各级政府以及各个政府部门的会计行为，任何一级政府或政府的某一部门行为偏离这一要求，就会使政府的行为缺乏外部监督，政府绩效监督治理难以有效实施；同时，也使政府内部决策缺乏信息依据，导致政府绩效降低，资源难以达成最合理配置，政府的受托责任不能很好地履行，政府会计的终极目标难以实现。因此，政府会计的中间目标和具体目标是政府终极目标实现的基础和保证。

4.3.2 我国政府财务报告目标的定位

政府财务报告是政府会计核算系统的最终产品，是政府会计主体对外部利益相关者和政府内部管理者进行的财务说明，体现了政府履职的会计报告责任。政府会计主体对外财务报告反映了政府受托责任的履行情况，决定了政府承担的受托责任能否得以解除，是外部最终委托人进行监督的信息依据。同时，政府财务报告也是国家决策机关和政府主管部门做出宏观决策、制定公共政策、进行公共管理的信息基础。

4.3.2.1 政府责任解除、绩效评价与政府财务会计报告

会计责任是指会计主体进行会计核算，编制会计报表应负的责任。会计责任源于政府组织承担的受托责任及其解除。政府财务会计报告的编制及对外公开的程度应与政府的会计责任密切相关。

美国政府会计准则委员会在其《财务会计概念公告》的第1条“财务报告的目标”中指出：“会计责任是政府所有财务报告的基石……会计责任要求政府对公民负责——要求政府证明筹集公共资源及使用资源的目的是合理的”。政府会计责任基于的信条是：公民享有“知情权”。会计责任也是美国联邦会计准则委员会为联邦政府制定的财务报告目标的基础。联邦会计准则委员会在《会计及财务报告概念公告》的第1条确定了联邦政府财务报告的四项目标，即帮助报告使用者评估预算的准确性、经营绩效、财管责任以及制度与管理是否恰当。因此，政府会计对公众的财务报告制度来源于政府承担的会计责任。

政府财务会计对外反映受托责任履行情况的职能，是委托代理关系的产物。政府运行过程中存在的委托代理关系，政府是公众的受托人，公众将资源的使用和处置权委托政府，政府接受委托后应对委托人承担相应的受托责任。作为公共资源的提供者，公众有权利了解公共资源用在何处、如何使用以及使用效果如何。政府组织中对公众存在的财产受托经管责任，按照Ijiri的说法，管理层有责任报告关于组织资源利用的效率和效果目标的完成情况。

政府和公众的委托代理关系不是按照市场行为进行的资源委托，而具有强制性的特点，具体体现为税收收入取得的强制性。因此，政府组织承担的受托责任与营利组织不同，表现在以下方面：首先，政府公共资源和权力的取得往往具有一定的强制性因素，如大部分公共资源是通过税收的形式或提供垄断式服务获得的。因此，政府要对公共资源的安全以及合理使用负有特殊的责

任，政府行为应遵照法律，保证资源的合法取得和合法使用。其次，公众授权给政府的目的是为了获得政府所提供的公共产品和服务。政府负有以最经济、有效的办法利用资源，具有资源使用结果的效益性的受托责任。同时，公众对公共资源使用的期望也强化了政府的公共受托责任，体现为对绩效型政府的要求。

政府组织作为受托方，可能会利用充分信息的优势采取一定的经济人行为，有可能导致道德风险和逆向选择，如腐败、低效率等，无法实现政府会计的终极目标。信息经济学认为解决这一问题的关键就是委托代理关系中信息的对称性。正如英国财务管理和受托责任皇家委员会描述政府受托责任时所写："避免授予权力滥用的基本前提，……确保权力的履行能直接实现被广泛接受国家目标"[①]。因此，政府对公众承担的会计报告责任也应是强制性的，以有利于政府更好地为公众服务，建立服务型政府，最终实现委托人的目标。因此，政府财务报告目标应有利于外部委托人绩效评价和监督，反映政府受托责任的履行情况，促进政府内部绩效管理履行受托责任的要求。

通过以上分析，政府财务报告应从投入、行为、结果以及政策意图方面，清楚地反映政府公共受托责任的履行情况，以有助于公众对政府外部监督权利的行使和政府受托责任的解除。

政府组织行为不具有市场竞争性压力，承担更多的法定受托责任可以形成一种压力，使得受托方与私营部门一样努力降低成本，提高经济性、效率性和效果性。政府组织作为契约关系中的受托方，只有全面提高绩效才能使委托代理关系的契约持续履行，而且政府组织内部上下级机构之间也存在着纵向委托代理关系，上级政府把部分资源和权利委托给下级机构管理和使用，上

① David Coy，Mary Fischer，Teresa Gordon. Public Accountability：A New Paradigm for College and University Annual Reports [J]. Critical Perspectives on Accounting，2001 (12)：7.

级机构作为委托方监督和控制下级机构的绩效实现情况，才能解除对公众的受托责任，而受托方也关注本身的绩效，只有绩效符合委托方的要求才能继续维持纵向的委托代理关系。

公共受托责任反映和解除的关键在于提供政府履职的绩效信息和以此为基础的评价。Cutt（1988）认为，受托责任取决于经济绩效的评价，认为委托方要根据绩效评价的结果，判断受托方所承担的受托责任能否顺利解除，受托方也要根据绩效评价的结果，表明其管理受托资源的能力。Ranson 和 Stewart（1994）对公共受托责任和绩效评价的关系作了详细阐述，认为对组织绩效进行评价是体现受托责任的基本要素，如果没有一个有效的工具来对受托责任履行状况作出评价，公共组织就失去了合法性的权威基础，绩效应当被视为"公共受托责任度量的工具"。委托方和受托方对公共资源使用绩效的共同关注，使绩效评价成为公共受托责任的核心，财务报告应提供有助于绩效评价的定量信息。

政府公共受托责任的强制性，表现在政府财务资源的来源和运用受到法律、行政法令、资源提供者或其他方面的限定，这些限定对政府会计行为都应具有一定的强制性，体现了政府组织在会计报告方面应承担的责任，政府应履行这种报告责任。因此，政府财务报告就是政府履职中报告责任的体现。

4.3.2.2　我国政府财务会计报告目标的确定

公共受托责任的强制性，在一定程度上决定了政府财务报告的目标应具有一定的强制性。财务会计报告目标是财务会计概念框架中最高层次的概念，而目标概念本身也是一个完整的体系，这个体系应该有层次分明的结构[①]。美国政府会计准则委员会认为政府财务报告的目标一般分为三个层次：全面目标（或最高目标）、基本目标和具体目标。全面目标是整个目标层次的起点，

① 李建发．政府会计论［M］．厦门：厦门大学出版社，1999：145.

基本目标是全面目标的具体体现，具体目标是财务报告目标的具体化。

政府财务报告体现了政府对委托人的会计报告责任。政府财务会计目标的定位，应考虑信息使用者的信息需求以及本身受托责任的解除。

政府组织存在着多重委托代理关系，承担多重受托责任。政府对公民的受托责任，被称为政府的外部受托责任，公民是政府资源的最终委托方，有权利获得关于资源使用情况及结果的信息。政府受托管理和使用资源，提供给公众所需要的产品和服务，他们的信息获取能力有限，并且信息甄别能力较差，对政府公开的政府财务报告信息依赖程度最高。外部信息使用者具有双重的信息需求：一方面，公民与政府间存在着财产委托关系，是国家资源的最终提供者，关心国家资源的保值与增值情况、政府债务的发生与履行、国家收入与支出等财务信息；另一方面，公民又是政府提供产品的最终购买者，与政府之间形成一种特殊的供求关系，公民关心政府提供的产品耗费等情况。政府对公开机构的受托责任，称为水平受托责任，立法机关依法赋予政府取得资源的强制权力，立法机关有责任监督政府行为的效率与效果以及与法律的符合程度等。但立法机构可以通过政府的专项报告或委派审计人员实施审计等方式，了解政府授权事项的完成情况，信息获取能力较好，对政府财务报告信息依赖程度适中。另外，在政府组织内部也存在着上下级政府之间的委托代理关系，相比其他的信息需求者，上级机构对政府财务会计报告的信息依赖程度最低。

近年来，随着我国经济发展、改革开放的深入，人民的民主权利意识不断加强，要求政府信息公开的呼声越来越高。因此，财务报告目标定位时，应主要考虑外部委托人的信息需求，提供外部委托人所需要的财务信息。

受托责任履行情况的反映和解除在于绩效评价，具体到政府公共受托责任的反映和解除，就是政府公共部门绩效信息的全面披露与评价。作为代理人的政府，通过向公民和内部委托人披露履职绩效信息，公开解释、说明其资源使用的方向及效果，以反映政府公共受托责任的履行情况。

目前，我国政府会计信息披露对象，主要是各级政府行政事业单位的内部管理者以及立法机关和审计部门，忽略了对政府绩效信息依赖程度较高的公众，因而政府对公众承担的受托责任并没有得到反映。政府对公众承担的受托责任的履行程度，取决于公众对政府绩效的全面客观评价，而评价的主要信息来源与重要依据是政府会计信息。因此，这就要求政府会计能够提供可靠、相关的信息，以有利于公众评价政府绩效，反映其受托责任的履行程度。因此，从我国政府组织存在的委托代理关系角度而言，政府组织财务报告的最高目标是反映政府组织承担的受托责任履行情况。这样定位既能反映政府组织对公众的受托责任，也符合政府内部受托责任的要求，有利于政府终极目标的实现。

民主社会和市场经济对受托责任的巨大需求，是政府会计在全球崛起的根本原因。[①] 政府受托从事公共管理，为了反映和解除政府所承担的受托责任，政府必须及时地向公众全面完整地披露其履职行为和结果。公共财政体制下，政府既是绩效型政府，也是透明性政府。政府履职的高透明度的实质，是要求政府及时、完整、准确地公开披露其活动的信息，政府信息公开是高财政透明度的表现，是公共财政的要求，有助于委托人对政府组织承担受托责任的客观评价和政府受托责任的解除。因此，政府财务报告的基本目标是就是提供政府受托履行职责情况的全面绩效信息，以有利于外部委托人及政府内部信息使用者进行绩效评价。具体所提供的信息内容，取决于政府所承担的受托责任

① 陈立奇、李建发“国际政府会计准则及其发展评述”，《会计研究》，2003(9).

内容。

委托人客观评价政府受托责任的履行情况，需要政府提供受托责任全面履行情况的财务信息，对于政府财务报告来讲就是具有高的信息透明度。只有符合财政透明要求、有助于委托人客观评价的信息，才能解除政府受托的会计责任。政府财务报告提供的信息质量特征要求，是政府信息使用者利用财务信息监督、决策的限制性条件，也是实现政府财务报告高层次目标的基础。

因此，我国政府财务报告的最高目标是反映政府公共受托责任履行情况。基本目标是提供有利于政府绩效评价的政府受托责任履行的全面信息。具体目标是政府财务报告提供的信息符合一定的质量要求。基本目标和具体目标的详细制定，需要解决谁是信息的使用者以及具体需要何种信息等问题。解决这些问题，需要考察我国现行政府环境下政府承担的受托责任的内容以及绩效评价的要求。

这种政府财务报告目标的界定，符合我国国情及公共财政的建设要求，有助于我国服务型政府、绩效型政府的建设和政府职能的转变。

政府财务报告是政府会计对外反映和监督职能的体现。通过对政府会计系统提供的会计信息作出一定的内容和质量要求，能使政府财务报告全面反映政府的受托责任，建立基于委托人权利基础上的政府监督治理机制，促进政府受托责任的履行。

4.3.3 政府会计目标的实现机制

公众和政府之间存在着委托代理关系，政府作为受托方承担相应的责任，具体表现为政府职能。政府会计作为基础性的财务信息系统，能够提供政府履行受托责任时资源流动、分配和配置的信息，应有助于政府职能的实现，实现委托人的利益。本书认为政府会计的终极目标是应有助于政府提高履职绩效，实现资源的优化配置。委托代理双方如果存在着信息不对称的情况，受托方可能会出现一定的经济人行为，使政府会计终极目标难以实现，委托代理关系便不能良性运转。政府财务报告能够有助于外部委托人获得充分信息解决信息不对称的问题，提高政府责任意识，是政府内部绩效管理和控制的外在刺激动力，也是解除政府受托责任、实现委托代理关系良性运转的关键。

5 受托责任解除、绩效评价及我国政府会计信息内容和质量要求

公共受托责任是民主社会的巨大需求，民主意味着公众应该拥有知情权、参与权、监督权和选择权（徐曙娜，2005），民主分为直接民主和间接民主，我国是间接民主的国家，间接民主又被称为代议制民主，即人民通过其代表来进行统治，而不是直接进行统治。在间接民主下，主人与主事是分离的，用约翰·穆勒的话说，人民应该是主人，但他们必须聘用比他们更能干的仆人。政府会计提供的具体信息内容及政府会计信息质量要求，是政府会计目标和政府财务报告目标中的具体目标和基本目标，是终极目标和全面目标得以实现的内容和质量保证。政府会计信息提供的内容和质量要求，是全面反映政府受托责任和国家进行宏观管理的基础，有利于委托人正确评价政府绩效，健全外部监督机制，提高政府绩效，实现资源的优化配置。同时，也有利于政府受托责任的解除，使公众和政府的委托代理关系良性发展。

5.1 我国政府组织中的受托责任分析

5.1.1 我国政府组织存在的多重受托责任

20 世纪 70 年代以来，为满足信息使用者需求的财务报告已成为美国政府会计准则制定机构工作的依据（Chan，2000a）。确定谁是政府财务信息的使用者和了解信息使用者的需求，主要

是基于财务受托责任的规范理论，即谁有权利知道和需要知道政府的财务相关事项。

在民主国家里，政府是通过人民民主选举产生的，政府接受人民的委托治理国家，政府的受托责任是一种广泛的受托责任。政府分为广义政府和狭义政府，广义政府指所有运用公共资源、以履行政府职能为主要活动的实体，包括立法、行政和司法机关，最广义的政府还包括执政党。狭义的政府是指国家行政机关，即纯行政性的政府。狭义政府依法拥有行政权，并履行相应的行政职能。这里的政府职能是指通过提供非市场性服务以及收入与财富的再分配，履行公共政策、提供公共产品和公共服务的相关职能。政府职能的履行需要消耗一定的经济资源，政府依法取得公共经济资源。政府的经济资源主要来自于税收收入和非税收入以及国家债务资金等。按照国际货币基金组织的统计方法，政府为履行职能取得的收入分为三大类，即经常性收入、资本性收入和赠与收入：政府最主要的经济资源来自于政府税收收入，非税收入包括国有资产收益、政府性收费、罚款和没收收入以及捐赠收入等。其中，国有资产收益主要来源于经营性国有资产以及资源性国有资产。国有资产是国家依据法律拥有的由政府管理和使用的自然资源及由于资金投入、资产收益与接受馈赠而形成的资产。

我国是公有制的民主国家，政府履职过程中占有和使用的经济资源属于公共资源，属于国家和人民所有。因此，在我国政府和公众之间存在着公共资源的委托代理关系。同时，在我国政府组织内部由于政府职责和政府资源的分配，同样产生了委托代理关系。

根据委托代理关系链条，公共受托责任可分为对内部的受托责任和对外部的受托责任。内部受托责任也叫层级受托责任，是指政府组织内各层次之间的受托责任——公务员对行政长官、行政部门对立法部门的受托责任；外部受托责任也即法律受托责任，是指整个政府对社会公众所承担的受托责任（陈立齐、李建发，2003）。

按照狭义政府组织内部关系来看，我国政府存在广泛的受托责任网络：各级政府纵向间存在着资金管理和行政管理方面的控制与被控制关系，根据我国预算法第二条规定，我国国家实行一级政府一级预算，设立中央，省、自治区、直辖市，设区的市、自治州，县、自治县，不设区的市、市辖区，乡、民族乡、镇五级预算。财政体制上，我国实行分级分税制财政管理体制，划分的依据是政府履职承担的责任与履职需要的收入和资源的范围。上级政府把部分资源和权利委托给下级机构，或者同一预算级次中，政府把部分责任委托给相应的部门，并赋予了一定的财权，受托部门或受托级次就对本级政府或上级政府具有受托责任，应该提供反映受托履职情况的报告。因此，就一级政府而言，既是上级政府的受托方，有义务向上级报告，同时也是下级政府的委托方，有权获取信息，监督和评价下级机构的履职情况。这是狭义政府系统内部的委托代理关系。

各级人民代表大会是我国的权力机构，全国人民代表大会是最高权力机构，地方人民代表大会是地方权力机构，人民代表大会处于狭义的政府范围之外，但属于广义的政府。人民代表大会受人民委托行使权力，依法赋予狭义政府履职所需的公共权力，拟定政府职责、制定任务。狭义政府对人民代表大会的受托责任，属于狭义政府的外部受托责任，属于广义政府的内部受托责任。

人民代表大会是公众的代表，接受广大公众的委托，对公众承担受托责任。因此，人民代表大会应负责监督政府责任的履行情况。政府受人民代表大会委托行使管理国家职权，承担相应的责任并依法获得相应的权利，并以预算形式加以确定。政府利用资源履行职责即是预算的执行，应定期向人民大表大会提供报告，陈述责任履行情况，其中包括有关上期预算的执行报告、下一期的预算草案以及政府履职过程中的资源消耗以及结果等财务信息。政府向人民代表大会提交的报告，属于广义政府内部报告，人民代表大会对政府提交的报告进行审议评价，以确定政府履行责任的绩效情况，并作出相应决策。同时，政府应向社会公众公开财务信息，以接受最广泛委托人的外部监督，使公众作为委托人能够参与国家绩效治理中，对政府的绩效行为具有外部监督作用，有利于政府行为的改善和资源的优化配置。

另外，我国在党派和政府的关系方面，实行一党专政、多党合作与政治协商制度。中国共产党作为执政党，对人民代表大会、人民政协与人民政府具有绝对的领导权，上述三者统一在中国共产党的领导下分工协作。因此，我国政府除对立法机关和上级政府机构之间存在着受托责任外，对执政党及民主党派也存在着重要的受托责任①。

从我国政府的资金来源来看，政府资金来源于纳税人缴纳的税收、公债的投资以及政府性专项基金等。政府基金是指各级人民政府及其所属部门根据法律、国家行政法规和中共中央、国务院有关文件的规定，为支持某项事业发展，按照国家规定程序批准，向公民、法人和其他组织征收的具有专项用途的资金，包括各种基金、资金、附加和专项收费。政府对资金的提供者，如社会公众、公债投资者以及政府专项基金的提供者，承担最终的受托责任。同时，政府在运行过程中也会出现负债和隐性负债，如养老金债务等，政府对债务人也承担受托责任。

通过以上分析，我国政府存在着复杂的委托代理关系，承担着多重受托责任。政府财务信息的使用者，包括提供公共资源的社会公众和政府的债权人，也包括实施预算监督控制及决策的各

---

① 中国会计学会．政府会计理论与准则体系研究［M］．大连：大连出版社，2010：37.

级人民代表大会、上级政府以及执政党和参与决策的人民政协等。政府组织既要向上级主管部门、立法部门、决策部门报告受托责任履行情况，又要向政府外部委托人进行报告，以强调政府对公众的受托责任。通过强调政府外部报告责任，并把它作为向社会公众报告政府履行公共受托责任情况的重要信息渠道，建立基于委托人监督机制的政府治理框架，有利于政府整体绩效的提升，政府资源的优化配置。正如陈立齐（2003）所认为的那样，“在过去 25 年间，……政府会计目标已从行政管理转为向公众报告受托责任”。对外体现公共受托责任是民主社会的体现，是公共财政管理改革的重要组成部分。通过政府财务对外报告，建立基于委托人权利的监督机制，有利于政府绩效提高，实现资源的优化配置，实现政府受托责任。

5.1.2 我国政府的公共受托责任

我国政府组织承担的受托责任内容，决定了政府对外提供信息的具体内容。政府公共受托责任的本源，在于政府履职的公共性权力，政府的受托责任是政府从事各行政和事业活动的义务，或者说是“对资源和活动从公众那里转移到政府当局而负责任的一种转换”[①]。李建发教授等认为，公共受托责任应当是受托管理公共资源的政府、机构和人员，履行社会事务管理职能并向公众报告的义务[②]。

关于受托责任内容，Steward（1984）用一个五层“梯形受托责任”解释了受托责任内容：

（1）政治性和法律受托责任。这种受托责任要求政府权力的取得要有法律的依据，并且权力和资源的运用应符合法定程序，

① GASB. 1984. Concepts Statement No. 1：Objectives of Financial Reporting [s].

② 李建发．政府财务报告研究［M］．厦门：厦门大学出版社，2006：49.

避免资源滥用，确保公共资源按授权正确使用。这种受托责任是最基础的绩效和受托责任形式。

（2）过程受托责任。这种受托责任强调对程序的遵循程度，政府的资源运用应符合预算程序，并且充分进行记录和控制资产管理。这种受托责任要求政府内部进行良好的管理和控制，以使资源充分利用。

（3）绩效受托责任。要求政府提高整体绩效，注重投入、成本与产出的关系，在产出一定的情况下，降低成本的耗费，以提高绩效为标准。

（4）项目受托责任。政府的具体项目目标是否实现，是否能够充分利用资源。

（5）政策受托责任。是指政府制定的政策是否符合公众需求，是对政府产出结果的影响评价。

Day 和 Klein（1987）简化了公众和国家受托责任的关系，把受托责任分为财务和遵循性受托责任、程序及效率性受托责任、项目及效果性受托责任。不同阶段中，公众对政府要求的受托责任是不同的，这与经济、法律、人民民主意识等有密切的关系。

我国现行政府预算会计基本符合第一个层次的受托责任，按照预算批准或遵循法律法规的要求使用资金，随着政府会计环境的变化，受托责任应逐渐向更高层次的发展，如绩效型政府的建设就要求政府承担的受托责任符合第三个层次绩效受托责任。从长期来讲，我国政府承担的受托责任正朝着项目受托责任、政策受托责任的方向发展。

政府公共受托责任按照其实现程度，可分为过程的合规性受托责任和结果的绩效性受托责任。前者是指政府在履职过程中对公共资源的取得、使用和管理，是否遵循法定的程序以及是否遵守了相关法律法规、预算以及合同契约等；后者则指政府履责所取得的业绩及与其所耗费公共资源之间的配比关系是否符合经济性、效率性和效果性（即“3E”）的要求①。政府履职的全面绩效观包括行为的合规性以及结果的经济性、效率性和效果性，政府履职行为过程的合规性受托责任是政府结果绩效受托责任的基础。在新公共管理运动的影响下，传统的“合规导向”的我国政府会计应朝着现代的“绩效导向”的政府会计转变。政府会计应有利于反映政府全面绩效，并通过外部监督促进政府提高履职的内在动力，提高政府的全面绩效，实现委托人的绩效性受托责任。

政府活动目的是矫正市场失灵，但政府追求个人利益的经济人行为可能导致政府干预失效，如政府规模无限扩张、公共支出增长、工作效率低下等，而单纯的合规性受托责任无法有效改善上述政府失灵，追求结果的绩效性受托责任则能够有效加强政府的责任意识。追求政府绩效的新公共管理运动强调在政府活动中引入竞争机制，用企业家精神改造政府，用商业管理理论、方法、技术强化政府改革，能够有效地解决政府规模不断扩张、公共预算支出不断膨胀、公共债务危机等状况，这就要求政府的受托责任不仅包括公共资源取得、使用和管理过程中合规性的受托责任，更重要的是公共资源运用结果具有经济性、效率性和效果性，即履行公共资源使用和管理的绩效性受托责任。

随着我国公共财政体制的建设、经济发展和教育水平的提高，人们民主意识在逐渐提高，对自身的权利和政府承担受托责任的内容要求也逐渐上升。同时，欧债危机也促使我国公众更加关心政府履职活动耗费、政府资源及政府债务规模等政府履职相关的财务信息，更加注重政府的绩效性受托责任。从纳税人和社会公众的角度来看，他们希望政府“花更少的钱，办更多的事”，因而更加关注政府在履行一定职能时消耗的资源数量以及这些业

① 路军伟，李建发．政府会计改革的公共受托责任视角解析［J］．会计研究，2006（12）：14.

绩与所耗费公共资源之间的关系，以便评价受托人所承担受托责任的实现程度[①]。

公共受托责任按照受托责任履行的先后顺序，分为行为受托责任和报告受托责任。前者是指政府为履行和实现受托责任而付诸的行动和努力，后者则指政府将这种行动和努力的过程及其结果通过一定的渠道和载体报告给受托人（李建发，2006）。我国是民主国家，宪法规定一切权力属于人民。政府受人民委托从事活动，不但要履行行为受托责任，即善意和有效地行使公共权力，取得、管理和使用公共资源，提供公共产品和服务，而且应当履行报告受托责任，将履责情况和结果向社会公众报告、解释和说明，以反映对委托人的受托责任，接受其监督。因此，我国政府应承担报告受托责任，向公众报告政府职能履行的相关信息。

公共受托责任按照期间的长短，分为年度受托责任和长期受托责任，年度受托责任是指政府在一个预算年度内承担受托责任的履行情况，有利于评价政府行为的合规性。长期受托责任是指政府长期的、持续的受托责任，有利于评价政府整体履职能力的可持续性。公共管理中的“战略规划”导向，意味着政府受托责任的履行不应仅以年度为基础，应更强调长期、持续的公共管理和公共服务能力，在长期持续的时间范围内进行有效的政府绩效管理，优化资源配置，提高政府提供公共产品和服务的持续性。

按照政府受托管理公共资源的范围，可分为对公共预算收支及其结果的受托责任和对政府财务收支及其结果的受托责任，甚至对更全面公共资源的受托责任。公共预算收支只是政府履职资源的部分，不能完整地反映政府的全部受托责任的履行情况，无法使委托人进行有效的绩效评价，也不能为政府的绩效管理提供

① 路军伟，李建发．政府会计改革的公共受托责任视角解析［J］．会计研究，2006（12）：14.

可靠的和相关的成本费用等方面的定量信息。而且我国预算收支以年度为单位，并实行收付实现制，无法让信息使用者从长远的角度评价政府持续的履责能力。

从公众的角度来看，作为公共权力的委托方，有权利直观地、全面地了解政府活动及结果的绩效。这种公共受托责任要求政府通过提高绩效管理水平，把政府履职全过程相关的财务信息全面真实地予以反映，以有利于公众的绩效评价、解除绩效性受托责任。

从政府的角度来看，为更好地实现绩效性受托责任，需要引入一些更加有效的管理技术和方法。政府会计作为管理信息系统的重要组成部分，能够为基于绩效导向的管理决策与控制提供相关的定量信息。

目前，在我国民主化和法制化社会建设过程中，政府应以公共利益为最高原则，强化责任意识，以合法的方式取得公共资源，按照人民的意愿加以使用，并实现人民期望的结果。政府履职行为和结果应符合合规性和绩效性要求，同时也应符合年度受托责任和长期受托责任，并承担行为受托责任和报告受托责任。为了确保上述受托责任的履行，需要有效的政府会计系统核算，需要报告与政府履行责任过程相关的财务信息，以反映政府受托责任的履行情况，并成为政府绩效管理的信息依据，提高政府履职能力。

5.1.3 政府受托责任履行中的委托代理风险和财务报告的内容要求

根据公共财政理论，政府经济活动的原因是市场失灵，政府职能是提供市场无法提供的公共产品和服务，满足公众的公共需要。政府从事经济活动的权利和资源是公众赋予的，对于我国来讲，人民代表大会代表公众赋予政府公共权力。相应地，公民作为委托方，希望政府避免滥用权力，能够有效、高效率履行受托的政府责任，满足公民的公共需求。

根据委托代理理论，作为受托方的政府部门与作为委托方的社会公众以及存在内部委托代理关系的各级政府部门之间，存在着信息不对称的状况，受托方由于实际控制资源及拥有相应权利，能够掌握更多的信息。根据经济人假设，信息不对称可能会导致受托人由于追求自身的目标，出现道德风险和逆向选择。如政府机构或政府官员及政府部门工作人员作为代理人所付出的努力与获得的报酬不匹配，或者所作出的经济决策目的是为了增加自己的利益，而没有充分考虑委托人的利益，这就可能使作为受托方的政府行为偏离委托方的期望，出现贪污、腐败、不作为以及政府的低效率、财务管理混乱、履职成本过高等问题。为了防止或尽量减少政府机构或政府官员以牺牲委托人利益而做出有利于自身福利最大化的行为，有必要形成一种机制、利用一种手段对政府的公共选择以及运行中资源的耗费、公共选择的运行效果进行计量、记录和报告，使政府行为和政府目标受制于国家和人民的利益，便于人民监督和评价，以最大限度地缩小政府机构或政府官员与公众之间的利益分歧，使政府职能和目标以及政府的公共选择达到帕累托（Pareto）最优①。

委托代理理论认为，有效解决这一问题的关键在于组织能否可靠地界定受托责任，并把组织受托责任的履行情况通过会计系统进行确认、计量、记录和报告，并反映给委托方，接受委托方的评价和监督，相应的委托代理风险才会大幅度降低，才能通过外部监督等治理机制促使政府进行绩效管理，以实现委托人利益。因此，只有能够真实、完整地反映政府受托履职信息的财务报告，才能够解决信息不对称问题，促进政府责任的履行，解除受托责任。这就要求政府财务报告内容应客观全面反映政府受托

① 陈志斌．公共受托责任：政治效应、经济效率与有效的政府会计［J］．会计研究 2003（6）：36.

责任的履行情况。

5.2 绩效评价、政府履职信息的高透明度及政府外部监督

委托代理关系中信息不对称问题的解决和政府受托责任能否解除，都是通过信息使用者对政府履职过程中相关的财务信息进行绩效评价来实现的。绩效评价得以实施的基础，是政府财务信息内容的真实性和全面性。本节从政府受托责任履行的行为和结果出发，分析政府绩效评价的主体及内容，以确定政府财务报告所反映的具体内容和要求，促进政府财务报告目标和政府会计终极目标的实现。

5.2.1 政府绩效评价的主体

解决委托代理关系中信息不对称问题，解除政府公共受托责任的核心，在于对政府利用公共资源履职行为及结果进行绩效评价。政府绩效评价就是指运用科学的标准、程序和方法对政府行为主体的工作及成果做出的评价，委托人对政府的绩效评价有利于建立外部监督机制，实现政府绩效的全民监督治理，以约束政府行为，强化政府承担的受托责任，增强政府的法制化进程，促进政府绩效内部管理和控制的动力，实现社会的和谐发展。

政府绩效评价活动的主体是评价活动的实施者，是执行评价并作出决策的组织和个人，根据委托代理理论和政府治理理论，只有健全政府委托人监管机制才能有助于政府治理，达到善治状态。因此，评价活动的主体应是政府组织的委托人和政府行为的利益相关者。政府绩效的评价主体包括政府内部层次委托代理关系中的委托人（如各级人民代表大会，上级政府组织、执政党和民主党派）等以及外部委托代理关系中的委托人。对于广义政府来讲，政府绩效的评价主体是公众。

5.2.2 政府绩效评价内容体系与政府会计信息内容需求

政府会计是政府组织的财务信息系统，主要提供政府履职过程和结果中的财务性信息。根据全面绩效观点，政府绩效是指政府履职的全过程绩效，包括政府投入资源的合法性、政府行为的产出或结果以及影响、与履责相匹配的政府耗费以及政府长期的履责能力等。对政府绩效的评价应包括：政府履责整体能力的评价；取得和运用资源的合法性评价；产出结果的效益性评价和产出的影响评价，包括对经济的效率性影响和公平性影响；运用投入产出比或目标一定时的最低成本法进行效率性评价。在财务方面，政府绩效评价内容包括以下几方面：

（1）*政府履职的整体能力评价及政府会计信息需求*。政府履职的整体能力包括现实能力和未来能力。现实能力是指一定时期内政府利用公共资源提供公共产品和服务的能力，未来能力是指政府履职的可持续性能力。政府职能履行需要一定的耗费，并产生相应的直接债务和隐性债务。政府职能的履行需要一定的物质保障。政府整体能力的评价应以包括以下方面：现实的履职能力，包括政府向社会提供公共产品和服务的能力以及政府因提供公共产品和服务而形成的各种债务、义务和承诺的规模与结构；未来履职可持续性的能力，包括政府用于履行职责形成债务、义务和承诺的资源存量及其补充，政府资源履行其债务、义务和承诺后的余额，该余额表示政府履职能力的可持续性，政府对所有可控制资源的管理，并使其保值增值的状况，这是政府履职能力得以持续保证的基础。

政府会计系统应全面反映政府目前履职能力和未来履职能力的财务资源构成情况，包括政府整体资源的总量与构成，履行职责所形成的所有义务、承诺和社会责任的规模与结构，政府可控资源的保值增值情况。政府整体履职能力的评价指标包括总资产的规模变化、负债的规模变化、净资产变化、资产负债比率和净资产负债比率等。因此，政府会计系统能够完整披露政府资产、负债及净资产总量及构成状况。

（2）*政府履职的合规性评价及政府会计信息需求*。在公共财政体制下，政府取得资源依据的是公共权力，支出目的是为了履行政府职能。根据预算法的规定，各级政府必须编制预算、决算草案，报经人民代表大会审批；经本级人民代表大会批准的预算，非经法定程序不得改变，以此来规范政府的收支行为，加强政府内部收支控制。国家预算反映政府活动的方向、范围和国家政策，政府的各种实际收支行为应符合经审批的预算。另外，对于没有纳入到预算的收支，也应符合相关规定。因此，政府会计系统对于政府的货币性收支活动及其预算也应能够完整地披露。

（3）*政府履职的效果性评价及政府会计信息需求*。政府履职的效果性评价是指对政府履职行为产生的结果进行评价。成果评价是政府绩效评价中的难点，其衡量需要结合财务指标和非财务指标。政府组织总支出、政府项目支出目的是解决市场失灵问题，如矫正市场的非效率、提供市场不能满足的公共产品和服务、解决市场发展需要的公共投资等。投资目的有经济效益性目的和社会公平性目的，相应地，对政府履职结果评价包括经济效益性评价和社会公平性评价两方面。经济效益性评价主要是评价政府投资项目的营利能力和偿债能力，营利能力应以项目投产后的实际成本为基础，测量成本净现值、投资回收期、财务收益率、投资利润率等主要财务指标；偿债能力包括借款偿还期、资产负债率等。社会公平性评价包括社会环境的稳定、投资环境的改善、就业水平的提高、社会福利和环境质量等方面的宏观影响，评价标准主要是公平性以及是否满足人们公共产品和服务的需要。

从政府履职效果性评价的信息需求方面讲，政府会计应提供代表政府履职结果的资产负债表、具体履职项目的投入产出表以及根据预算编制的预算会计执行表等定量信息，也应该包括报表附注以披露社会效益方面的非定量信息，满足评价者绩效评价需求的非定量信息。

（4）*政府履职的效率性评价及政府会计信息需求。*政府在履行受托责任实现职能时会耗费经济资源，由于政府履职人员可能存在的经济人行为或决策时的非完全理性，相对于产出结果来讲，在政府资源的投入方面可能存在无效或低效情况，有必要考虑政府资源投入的使用效率。政府绩效要求投入产出比最大，在产出客观一定的情况下，也需对政府与产出相匹配的投入成本或耗费进行客观计量和披露，以使评价人能够正确评价政府投入的效率性。

政府绩效的效率性评价主要依赖于政府会计系统对政府各项履职的成本耗费（投入）和履职所提供公共产品或服务（产出）的合理确认、准确计量以及披露。

5.2.3 政府绩效评价、政府会计高透明度及政府监督治理关系

受托责任观及决策有用观两种会计目标在我国政府会计里面相互融合。在政府会计目标中，受托责任观主要是针对外部委托人和外部利益相关者，政府向委托方提供政府履责的相关信息，以反映受托责任的履行程度，这个过程是通过委托人依据政府财务报告提供的信息对政府进行绩效评价来实现的，并以此进行外部监督，促进政府绩效管理；决策有用观主要是指政府会计系统提供的会计信息是内部权力机构和委托人决策的依据，也是政府单位进行内部绩效管理的依据。这两种目标都能对促进政府资源有效配置资源这一终极目标有用。

政府会计信息只有被这些信息使用者最大限度地吸收使用，最大限度地满足他们需要，才能达到政府会计的终极目标。外部委托人相对于政府内部委托人，获取信息的能力有限，更多地依

赖于政府公开的信息。因此，政府利用会计系统对外提供的信息必须真实、可靠，能够完整地反映政府的行为及成果，即高透明性，才能满足委托人的信息需求，解除政府承担受托责任。

所谓透明就是指全面真实地反映，并易于理解。透明度指全面真实反映的程度。Kopits & Craig（1998）对政府透明度做了定义：向公众最大限度地公开政府职能、财政政策意向、公共部门账户和财政预测信息，并且这些信息是可靠的、详细的、及时的、容易理解且可以比较的，便于选民和市场准确估计政府活动的真实成本和收益。同时，他们认为政府透明度应该包括“制度透明度”、“会计透明度”、“指标与预测的透明度”三个方面，其中会计透明度是核心。会计透明指全面真实地反映政府履行职责所涉及的一切经济方面。信息透明是公共财政的内在要求，也是以政府绩效评价为依据的政府受托责任解除的基础。

从政府内部绩效管理来看，政府会计所反映的政府履职行为和结果以及政府预算和执行结果的财务信息变化是政府绩效管理的信息基础。从外部监督来看，政府进行政务、财政收支信息公开，提高会计透明度，能够使社会公众在全面掌握政府履职相关的财务信息的基础上，建立监督反馈机制，是强化政府绩效治理、促进政府内部绩效管理的有效机制。良好的政府绩效治理依赖于四个支柱：完整地反映受托责任、会计透明度、政府未来绩效的可预见性和社会公众监督机制的参与。

5.3 我国政府会计信息质量特征要求的改进与构建

政府受托责任的解除及外部监督都依赖于委托人对政府的绩效评价，政府会计信息高会计透明度是政府绩效评价的基础。因此，政府财务报告披露的信息只有符合会计透明的质量要求，才能够提供给信息使用者所需要的信息，委托人才能以此进行政府绩效评价；真实反映政府的受托责任履行情况，政府的绩效监督才能有效。政府会计系统提供的高质量会计信息是实现会计透明的有效途径，会计信息质量特征要求是会计信息所应达到或满足的基本质量要求，它是对会计信息系统所提供信息的约束，也是实现会计最终目标的保证。

5.3.1 我国政府会计信息质量特征的现状

在政府会计信息质量特征方面，美国、澳大利亚以及国际公共部门会计准则理事会都有明确的规定。如美国政府会计准则委员会 GASB（1987）提出了政府财务报告信息的质量特征包括可理解性、可靠性、相关性、及时性、一致性和可比性。澳大利亚在《会计概念报告第 3 号》（Statements of Accounting Concepts No. 3，SAC3）中提出了相关性、可靠性、可比性、可理解性、及时性等政府财务会计信息质量特征。国际公共部门会计准则理事会（2001）提出了可理解性、相关性、可靠性、可比性等四项主要质量特征，并包括重要性、忠实表达、实质重于形式、中立性、审慎性、完整性、及时性和效益大于成本等八项质量特征。

我国目前政府财务报告信息的质量特征在名称上叫“政府会计一般原则”，主要有：真实性、相关性、可比性、一致性、及时性、明晰性、重要性等。这些政府会计一般原则并没有形成完整体系，而是分散于现行的预算会计制度及相关的解释性文件中。如在《行政单位会计制度》的第二章中明确了会计核算的一般原则，如可靠性、可比性、一致性、及时性等。在《财政总预算会计制度》第二章中，也同样就会计核算的一般原则进行了阐述，如可靠性、合法性、一致性、及时性、可理解性、重要性、资金专用性。

通过上述比较，我国目前政府会计信息质量特征方面存在以下问题：首先，我国政府会计信息质量特征，在名称方面不利于规范政府组织的会计核算和信息披露制度，同时不利于国际比较。其次，目前我国的政府会计信息质量特征要求与我国的预算会计制度相统一，主要以预算控制为导向，各预算会计分支分别制定，尚未建立完整统一的政府会计信息质量特征体系。同时，我国政府会计信息质量特征没有划分层次，没有主次之分，没有体现不同信息质量的重要性程度。

随着我国公共财政体制建设的推进、政府职能的转变、人民民主权利意识的加强，我国政府会计信息质量特征应满足政府会计信息使用者的要求，有利于政府绩效评价，能够完整真实地反映政府履职的经济行为其结果，更好地促进政府绩效监督治理，以此作为政府绩效管理的动力，促使政府提高履职绩效，实现资源的合理配置，满足社会公众的公共需求。

5.3.2 改革和构建我国政府会计信息质量要求的思路

会计信息质量特征就是会计信息所应达到或满足的基本质量要求，它是会计系统为达到最终会计目标而对提供会计信息所做的约束要求。政府会计的最终目标是提高政府履职绩效，实现资源的优化配置，主要途径是通过政府绩效监督治理和政府内部绩效管理来实现的，绩效监督治理是基础，是政府进行绩效管理的外驱力。政府绩效治理的基础是外部委托人监督机制与参与机制的完善，以解决委托代理关系中信息不对称问题。因此，应强化政府责任意识，高质量地披露与政府履职过程中绩效相关的信息。

通过上述分析，本书认为我国政府会计信息质量特征构建思路是：从我国政府存在的委托代理关系出发，提供符合高会计透明度披露质量要求、有利于政府内外委托人绩效评价的信息内容，目标是为了实现政府财务报告最终目标——完整地反映政府受托责任的履行情况，对外有利于解除受托责任，对政府内部有利于政府宏观管理和控制。

首先，借鉴我国《企业会计准则》和国际政府会计公告或准则，把我国政府会计的一般原则改为政府会计信息质量要求，以规范我国政府会计信息核算，实现与国际政府会计的趋同，体现会计国际化的要求。其次，根据绩效评价和会计信息透明的要求，把现有条款进行整合，划分层级结构，统一对外颁布，形成对政府会计信息披露的强约束，规范政府会计信息质量，增强会计透明度，通过完整地披露政府履职绩效信息，促进政府会计终极目标的实现，解除对委托人的受托责任。

5.3.3 我国政府会计信息质量特征层级结构的构建

5.3.3.1 会计信息质量特征之间的矛盾性

会计信息质量特征要求一般包括可靠性、相关性、谨慎性、明晰性、可比性、重要性、实质重于形式原则等。这些会计信息质量不同特征之间存在着相互依存、相互制约的关系。会计信息应具有服务报告最高目标的特征，当会计信息质量特征之间发生矛盾和冲突时，应权衡主次和优先次序，以有利于财务报告的最终目标为先。

可靠性要求会计提供的信息真实可靠，是指会计信息应反映会计主体实际发生的真实交易或事项，这种信息质量特征要求会计计量上使用历史成本进行计价。相关性要求主要强调决策有用，提供决策者所需要的信息，相比可靠性来讲更加注重未来会计主体预测价值的信息。谨慎性要求会计主体处理应谨慎，不可高估资产和收益，也不可低估负债和损失。可比性要求会计主体采用的会计处理方法和程序一致，便于不同会计主体之间信息比较。明晰性要求会计主体提供的信息简单明了，便于信息使用者使用。

会计信息的以上特征之间存在着一定的矛盾性：如可靠性和相关性、谨慎性之间的矛盾，可靠性更注重于反映历史真实信息，能够提供会计主体过去履职情况的财务信息，相关性更加强调未来的履职能力的预测信息，按照谨慎性的要求，如果历史成本不能谨慎反映真实价值时，则应采用现行市价法或公允价值法。可比性和明晰性之间的矛盾在于：可比性要求不同会计主体之间以及不同时期采用统一的会计程序和方法，便于信息的比较；但对于不同的信息使用者来讲，由于理解能力存在着一定的差别，可能导致由于处理方法相对复杂难以具有明晰性。

会计信息不同质量特征之间存在矛盾是客观的，应根据会计信息使用者的需求主次划分一定的层级结构，以满足会计主体财务报告目标和会计目标的实现。可靠性是会计主体信息真实性的体现，更加客观，更能真实地反映政府受托责任的履行情况，能够有利于判断政府会计主体行为是否具有合规性和绩效性，以评价政府履职期间受托责任的履行情况。从政府提供会计信息整体内容方面，可靠性体现了最高要求，能够有利于解决政府履职中委托代理双方的信息不对称问题，也是政府会计所具有的最基本反映职能的体现。

5.3.3.2 会计信息质量特征的层级结构

政府会计进行财务报告的主要原因是政府对内外委托人承担的会计责任。报告的目的是向委托人和利益相关者反映政府受托责任的履行情况。

1980 年，FASB 在特鲁布拉德报告研究的基础上，提出了具有创建性的会计质量特征体系，主要是针对决策有用性提出的，认为会计信息应对信息使用者有用，指出信息的有用性主要取决于相关性和可靠性。该体系认为会计信息的首要质量是相关性和可靠性，其中相关性是指会计信息能够影响使用者决策，相关性包括预测价值、反馈价值和及时性三个组成部分；可靠性是指信息使用者可以信任所有被提供的信息，会计信息真实地反映活动内容。次要和交互作用的质量是指会计信息的可比性。第三层次是可理解性，是指信息能够被会计信息使用者理解。第四层次是限制或约束条件，包括成本效益原则和重要性原则，是指会计信息提供受到一定条件的约束。

1999 年，英国会计准则委员会（Accounting Standards Board，ASB）发表的《财务报告原则公告》第 2 章“财务信息质量特征”中提出，财务会计报告提供的信息质量特征主要指可靠性和相关性，财务报表中表述的信息质量特征应包括可比性、可理解性。质量特征的限制条件包括各信息质量特征之间的协调性、及时性以及成本效益原则等。

国际会计准则委员会（International Accounting Standards Committee，IASC）在其《编制财务报表的框架》中将质量特征定义为“实施财务报表提供的信息对使用者有用的那些性质。四项主要的质量特征为可理解性、相关性、可靠性和可比性”。

以上国外机构制定的会计信息质量特征，都具有一定的层次性，层次划分的依据是对实现财务报告目标和会计目标的重要程度。

5.3.3.3 我国政府会计信息质量特征层级结构的构建

政府会计信息质量应有利于政府财务报告目标和政府会计目标的实现，从内容质量和表述质量上最大限度地被信息使用者吸收利用。本书从有利于提高政府履职绩效、实现委托人最终期望目标的角度，从政府财务报告目标出发，根据委托代理理论和利益相关者理论，构建我国政府会计信息质量特征的层次结构。

政府组织活动是基于委托人的公共需求进行的，活动目的是实现政府职能，履行受托责任。政府会计终极目标应和委托人一致。但根据委托代理理论，信息不对称情况下，可能会出现一定的道德风险和逆向选择，受托人的实际目标可能会偏离委托人的目标。因此，需要解决委托人的信息不对称问题，载体就是政府对外财务报告。我国政府组织存在着多重委托关系，其中公众作为外部最终委托人有权利获得政府履职信息，并且对政府财务报告的信息依赖程度最高。因此，我国政府会计信息质量特征应以满足外部需求者的信息需求为主。基于我国实行间接民主，人民不能直接决策和控制，主要以监督为主，人民进行监督的基础就是政府受托责任履行的真实反映。

明确政府履职过程中不同利益相关者权利责任和影响，有利于政府资源的优化配置，有利于实现委托人的最终目标。财务报告作为政府财务会计核算体系的最终产品，要求其信息内容能真实地反映政府受托责任履行的活动及结果，以有利于委托人通过客观评价政府绩效来进行外部监督，同时为政府宏观管理和控制决策提供客观依据。正如傅磊教授所认为的：提供决策信息是完成受托责任的扩展，不构成会计与生俱来的、带有根本性的目的。

Kulzick（2004）指出，公共财政要求的透明度应从财务信息的信息使用者角度而不是提供者角度来理解。他认为从使用者的角度，财政透明度至少应包括以下八个相关概念：准确性、一致性、恰当性、完整性、清晰性、及时性、便捷性、治理与执行。

笔者认为公共财政信息透明具有真实完整反映、信息便捷获得（公开性）和易于理解性三个主要特征，能够“透过政府会计信息现象看清本质”。政府受托责任的解除以及会计信息透明，要求政府提供的会计信息应是政府活动及结果的真实反映，具有可靠性。可靠性是政府财务会计信息质量特征体系中的首要标准，是政府总体财务信息质量内容特征。政府会计信息透明是全部政府财务信息表述质量的要求，包括明晰性、完整性、实质重于形式、中立性、便捷性等。其中明晰性是政府会计信息被使用人运用的约束条件，也是政府会计信息发挥作用的关键。尤其对我国外部信息使用者来讲，政府会计信息能够被广大社会公众理解是监督作用发挥的关键，突出可理解性或明晰性至关重要。

同时，为了更好地履行政府对外的受托责任，促进政府绩效，提高资源配置效率和效果，要求决策者能够利用政府会计信息进行更好决策。因此，相关性是政府会计信息内容的关键质量特征；政府质量信息的次级质量特征包括及时性、重要性、可比性、预测性。

6 我国政府会计主体确定、要素划分及处理基础的选择

有效的政府会计核算体系是提供高质量财务信息的保障，也是廉洁和高效率的政府绩效治理和控制的基础。政府会计的基本职能是反映和监督职能，其中对外反映职能是其他职能的基础，主要是通过一定的财务会计核算方法和程序来实现的。要想真实地反映政府履职信息，需要解决核算的范围、核算的对象以及核算的方法，即政府会计主体、政府会计要素和政府会计处理基础。我国现行政府预算会计在这三个方面具有一定的缺陷，需要改进和建立适合我国国情的政府会计核算体系来实现政府会计的终极目标。

6.1 我国政府会计记账主体和报告主体的确定

6.1.1 会计主体一般概述

会计主体是指会计工作为之服务的特定单位或组织，它界定了会计核算的空间范围。一般认为，会计主体假设通过限定进入到会计核算系统的经济业务和事项，把会计主体反映的经济活动和其他经济实体的活动进行严格区分。每个会计主体单独核算，自求平衡。界定会计主体的目的就是要在空间上对会计系统的各种经济交易和事项作出限定，单位或组织的会计记录和财务报表所反映的仅为会计主体范围内的经济活动。政府会计主体的确定能够有效解决政府会计核算的空间范围。不同会计主体的界定方法有不同的功能，对会计主体的界定能够促进功能的最大限度发挥。

确定会计主体时，一般遵循经济实质重于法律形式的原则。在存在委托代理关系的组织中，会计主体是为处理委托人与受托人关系而设立的。会计主体的范围在一定程度上体现了会计目标所产生的影响，这是适应管理当局或外部报表使用者信息需求的一种途径，在此情况下，会计主体和法律主体有一定的伸缩性，但这种会计主体的扩张与伸缩往往并非反映在所有会计处理环节上，有时它仅体现为报告环节，有时则体现在确认与计量环节[①]。会计记账主体范围和会计报告主体范围可以相分离。

因此，会计记账主体、会计报告主体、法律主体概念之间，有一定的区别和联系。法律主体经济上一定保持独立性，因而法人一定是会计主体，但会计主体可以是、也可以不是法人单位。会计记账主体可以作为报告主体单独报告，也可以由多个记账主体合并成一个报告主体对外报告。

受托人通过对委托人报告相关财务信息，通过委托人的绩效评价来反映其受托责任的履行情况，体现了会计的反映职能和监督职能。这种体现在对外报告环节上的主体，即为会计报告主体。受托人利用委托人的资金组织活动，对从事的活动进行确认、计量和记录活动，以便更好地对所拥有的资源进行利用，实现会计目标，履行对委托人的责任。这种体现在内部信息处理上的会计主体，称为会计记账主体。因此，在确定政府会计主体时，可以从政府会计记账主体和政府会计报告主体两个角度来探讨，界定方法可以以组织为单位确定，也可以以承担特定受托责任的资金来源确定。这种界定会计记账主体和会计报告主体角度的区别，就在于记账的有效性和报告的受托责任反映性。

6.1.2 构建政府会计主体的方法及理论基础

对会计主体的构建方法，较具代表性的观点有两种：一种是

---

① 吴水澎．会计理论［M］．北京：中国财政经济出版社，2000：189.

"单位说（Firm Oriented Approach）"，另一种是"使用者说（User Oriented Approach）"。[①]"单位说"是指依据具备控制资源、承担签订及履行承诺义务以及处理经济活动等基本特征的经济主体予以确定，"使用者说"是指依据特定个人、集团和机构的经济利益范围予以确定[②]。前一种方式是根据承担受托责任，将实际控制和运用资源的实体作为会计主体来确定的，后一种方式是以财务报表使用者的利益为导向。依据后一种方式，可以把会计主体的范围拓展为经济实体部分活动和资源，比如会计主体对某些特殊利益群体的责任等，也可以是多个经济实体全部活动和资源。

西方国家政府会计的主体界定，主要是从组织性质和政府资金来源与限定两个层面上来界定的，分别称为"政府主体"和"基金主体"。一般有三种做法：单独从"组织性质"这个层面上界定了政府会计的主体，这种是以政府组织控制的单位作为政府会计主体，如德国、法国；单独从"组织资金的来源与用途"层面界定政府会计主体，这种是根据政府不同来源和限制性用途的基金作为政府主体，如美国的州和地方政府会计；还可从两个层面同时界定，以"双主体"并存模式，如英国、澳大利亚、加拿大，在这种"双主体"模式下，不但政府是一个会计主体，而且政府中有各种限制性用途的基金也作为一个会计主体。

6.1.2.1 以组织为主体构建会计主体及理论基础

经济活动是通过特定的组织来开展的，会计工作是组织工作的一部分，一般会计主体是以组织主体来构建。组织是有层次性的，可以是一个单独的经济实体，也可以是多个经济实体的组合。

现代经济组织里存在着广泛的委托代理关系，财产所有者为

① 荆新．非营利组织会计准则理论框架［M］．北京：清华大学出版社，1997.

② 吴水澎．会计理论［M］．北京：中国财政经济出版社，2000：188.

了一定的目的，委托代理人进行经营，财产所有者对财产享有一定的权益，这种关系通过一定的权益账户来体现。代理者为了实现所有者的目标，需要运用会计进行界定和表达。权益理论主要是为了解释非法律性质的权益账户中的权利和利益以及确定组成，体现了代理者和委托人两者在委托代理关系中各自的权利和利益。

以组织为主体来构建会计主体，理论基础是权益理论中的会计主体论。会计主体论的首席设计师 William A. Paton 认为，在现代社会，企业和所有者是分离的，资产属于企业，企业对资产拥有经营控制权，会计应关注和反映企业运用资金过程中价值的变化。负债和所有者权益持有者对企业经营的资产索取权具有不同的特点，体现了对资产的不同权益。按照会计主体论的观点，体现企业和所有者关系的资产负债表等式为：

$$\sum 资产=\sum 权益；\sum 资产=\sum 负债+\sum 所有者权益$$

在会计主体论下，会计主体是一个企业组织或其他经济实体，会计主体以全部资产为限对其资源提供者承担相应的义务或责任。正如斯洛克（Richard G. Schroeder）等（2002）所指出的那样“主体理论的实质就是，债权人与所有者都为企业提供资源，而企业是一个明显独立于这些利益集团的独立的主体”。因此，主体理论强调经济主体的独立性。政府受托履行职能，需要运用公共权力取得资源和耗费资源，政府组织也是现代经济组织，也可按照组织为主体构建政府会计主体。

以组织构建的会计主体可以和法律主体相分离，既可以是一个完整的组织，也可以是一个组织之下的独立核算单位，会计主体通过核算、反映，对其资金提供者承担责任。将会计主体界定为组织或具体单位时，有利于通过会计核算，实施内部管理和控制，提高组织绩效，实现组织对委托人的责任承诺以及满足不同利益相关需求。政府组织既可以是一个整体政府，也可以是独立承担具体职能、拥有相应资源的政府组成部分以及政府部门或单位。

以组织单位界定政府会计主体进行核算和报告，有利于政府预算控制和管理，反映政府组织整体履职情况的全部财务活动及影响，有利于政府资源配置和实现政府职能。

6.1.2.2 以基金为主体构建会计主体及理论基础

部分西方国家从资金来源及限定方面界定政府会计主体，这种界定方法是对权益理论中基金理论的运用。基金（Fund）是一组具有特定用途、要求专款专用、专项核算和报告的财务资源。美国政府会计准则委员会（GASB）认为，基金是指“按照特定的法规、限制条件或期限，为从事某种活动或完成某种目的所分离形成的，依靠一套自身平衡的科目来记录现金及其他财务资源，以及相关负债和剩余权益或余额及其变动情况的一个财务与会计主体”。

权益理论中的基金理论是 William J. Vatter 发展的，基金理论认为基金就是用于某一特定目的可能产生、也可能不产生收益的一组资产及其相关的义务，这种资产的运用有限制性的。按照基金理论的观点，体现代理者和所有者权利的资产负债表等式为：

$$\sum 资产 = \sum 限制性资产$$

在这种等式下，组织的全部资产由各种限制性资产构成。这种资产用途的限制可以来源于法律或合同规定的特定用途。在政府组织中有部分资产来源于特定或单一目的的特殊资产，如社保基金、环保专项基金等。因此，对于有专项用途限定的资产，基金理论更加适合。

李建发教授（1999）认为，资产表示对基金或活动单位的未来服务，资产的限制表示资源提供者对资产使用的限制，这种限制包括债权人的限制和其他资源提供者的限制，未动用的留剩权益也代表一种限制——用于专门目的的一种综合限制。

基金负债代表基金主体承担的合规性受托责任，基金余额代表基金主体承担的绩效性受托责任。基金理论下的会计等式可以被进一步扩展为：

基金资产＝基金负债＋基金余额

——基金的静态等式

基金余额＝基金期初余额＋基金收入－基金支出

——基金的动态等式

政府组织的资金来源有多种，有不同的限制要求，构成了不同的政府基金。因此，西方国家基金会计中的“基金”实质，是从专款专用的角度出发，对“政府主体”的全部经济资源所作的进一步细分。可以说，该“基金”概念是“政府主体”的子系统，若干个“基金主体”则可以合成独立、完整的“政府主体”。如美国州和地方政府采用的基金会计，即以基金作为核算报告主体，而在编制政府年度综合财务报告时，则采用以政府整体作为一个报告主体，这个时候既体现政府的专项受托责任，也能体现政府整体绩效，并充分体现政府对其所属部门的控制。

在公共财政体制下，政府的资源来源于税收以及各种专项基金，用途是提供公共产品和特定服务。政府的资源来源及运用有严格的限制，政府按规定运用资金，满足基金提供者的需求，并通过政府的合理运用获得基金余额，是政府承担合规性受托责任和绩效性受托责任的体现，也体现了政府长期持续履行受托责任的能力。从资金的受托责任角度看，基金主体有利于体现委托人的利益及受托人的责任。从长期来讲，通过设立基金能够保证公共财政资源或其他资源真正地用到限定的用途，能够体现基金使用的专用性，而且能够反映政府组织特定的受托责任，有利于评价和监督。以基金为主体进行核算和监督，有利于体现预算的专门规定以及符合特定利益集团的利益要求。

政府组织记账的目的是为反映和监督以及实施控制，通过提供相应的财务信息，参与组织的内部管理，有利于资源的合理运用，实现对委托人承诺的责任。财务报告的目的是对外反映受托责任，有利于外部监督，体现了政府作为代理人的会计报告责任。因此，政府的记账主体和报告主体可以相分离，从记账主体和报告主体两个方面界定。

6.1.3 我国政府会计记账主体的确定

6.1.3.1 我国现行会计核算主体的规定

我国会计法中规定，企业会计是按单位进行核算和报告的。按照《行政单位会计制度》、《事业单位会计制度》的规定，我国行政单位会计、事业单位会计以及基本建设会计，也按单位进行核算并报告。预算法规定，按部门编制部门预算与执行。我国的现行政府会计执行的是预算会计，核算单位或预算单位一致，有国家预算的单位组织就是预算会计的主体。国家预算按照预算收支范围分为总预算和单位预算，预算会计也分为总预算会计和单位预算会计，相应地会计核算主体也分为政府总体层面上的财政总预算会计主体和各个执行政府职能的单位作为政府组成单位层面上的会计主体。因此，我国现行政府组织执行的预算会计的核算主体是预算单位，具体指各级政府总预算和行政事业单位，这种会计核算主体是按组织类别进行划分的，有利于国家的宏观管理和控制以及预算的约束和控制。但这种分类没有从整体反映政府受托责任的履行情况，无法有效地评价政府整体的履职绩效。

我国现行预算会计体系中，对于指定用途或单独报账的资金予以单独记账，但并不单独报告，而是作为组织报告主体的组成部分以组织为主体进行报告。西方国家基金会计中的基金涵盖了“政府主体”的全部财政资源，而我国预算会计中的基金只是其中的一部分。

因此，我国现行政府预算会计记账主体和报告主体是一致的，即财政总预算中的一级预算政府和各行政事业单位。

6.1.3.2 我国政府会计记账主体界定的思路

公共财政体制下，政府职能目标是向社会公众提供公共产品和服务，以满足公共需要。相对于公众对政府提供公共产品和公共服务的需求，政府的资源是有限的。政府履职有一定的耗费或成本，政府机构的任何收费都应建立在补偿其服务成本基础之上，即使收费超过了服务成本，其溢余部分也应用于提供服务这一目标。政府会计应服务于政府的这一目标，实现政府资源的合理配置，最大限度地满足社会公众的公共需求。这一目标的实现，依赖于外部资源提供者的监督和政府内部管理者的政府绩效管理。

为了体现这一目标，我国政府会计主体的确定，应以是否有利于在政府活动中有效界定各级政府的受托责任，提高责任意识，通过对外提供履职相关的财务信息履行政府的会计报告责任，建立外部监督机制。同时，政府会计核算应有利于政府内部绩效管理，且和我国财政管理体制相一致。

以“基金”构建政府会计记账主体，有利于委托人对代理人按照资源的限定性用途来使用，体现专款专用原则，能更好地体现合规性原则，体现委托人对代理人的控制，强化在不同资金来源上的特定受托责任，但不利于政府组织内财务资源的合理配置，实现政府的终极目标。

以“组织”构建政府会计记账主体，有利于会计主体内部的核算，减少各个基金汇总、抵消、合并的复杂工作，并能有效地满足政府组织财务管理和预算管理的需要。近年来，我国政府财政进行了一系列改革，在编制部门预算、国库集中支付制度、政府采购制度、非税收入收支分离、行政管理体制改革等方面取得了很大成就。我国财政预算是按预算层次和预算单位来进行管理的，这种按单位管理和控制的方式有利于政府内部绩效管理和控制；同时，政府按组织或单位进行会计核算也应有利于反映政府整体的受托责任，以便资金提供者和利益相关者更好地监督。随着财政体制改革的深化，我国政府进行了收支分类科目改革，已经把一般预算收支、基金预算收支、债务预算收支、预算外资金收支融为一体，统一形成“收入按来源、支出按功能”的综合性公共财政预算体系，如对国有资本权益基金、社会保险基金等也采取了基金管理的方式。这种方式有利于体现专款专用，反映政府专项受托责任的绩效履行情况。

笔者认为，从政府绩效监督和绩效管理出发，按经济实体和经济实体内部政府特定用途的基金同时作为政府会计主体，既有利于内部管理和控制，与我国现行的预算会计和预算管理体制相衔接，又有利于外部监督，能够促进政府合理有效地运用资源，履行政府的行为合规性和结果绩效性受托责任。

6.1.3.3　我国政府组织层面会计记账主体的界定标准及范围

以组织或单位作为会计主体，有利于经济组织的核算和控制，是权益论中会计主体论的体现。公共财政体制下，政府的特点包括权力、资金来源的公共性，职能是提供市场不能满足的公共产品和服务，弥补市场失灵。符合上述特点的非企业性单位都属于政府组织或单位，相应地，都应作为政府会计的记账主体。

人民通过各级人民代表大会选举政府，授予政府公共权力，委托政府从事活动履行职能。同时，我国实行中国共产党领导、多党合作与政治协商制度。中国共产党作为执政党，对人民代表大会、人民政协与人民政府具有绝对的领导权。广义政府的全部资金或部分资金来源于公共资金，行使的权力具有公共性，履行管理国家的各项权利和责任。我国的这种公共受托责任关系，决定了我国政府会计记账主体宜采用广义政府（或公共部门）概念作为政府会计主体的确定基础，包括行政性政府、立法机构、司法机构以及承担政府职能运用公共资金的单位等组成广义政府的范围。政府的层次性决定了政府会计记账主体的层次性，记账主体包括每一级次政府财政总预算单位、政府部门及承担具体职能的政府构成单位。

我国的国有企业是市场经济资源配置的主体，大部分以营利为目的，能够全部或部分进行完全的市场交易，遵循市场规则。

政府作为投资主体，是以所有者的身份参与国有企业的利润分配。因此，我国的国有企业执行的是企业会计准则，是企业会计主体，应该排除在政府会计主体之外。国家作为所有者，通过国有资本权益基金，对其资本金和相关收益进行管理。

6.1.3.4 我国政府基金会计主体的确定标准及范围

以组织或单位划分的政府会计主体，具有多种不同的财务来源，这些财务资源存在用途限制性差别，体现了政府作为受托人承担的专项受托责任。近年来，我国政府基金数额比例占政府预算资金的比例较大，如 2010 年的政府性基金收入 3.578 万亿元，占政府预算的 16%，而社保基金和国有资本经营预算也占到政府预算的 10%左右。2010 年的土地出让收入为 2.9 万亿元，超过年初预算的 113%[①]。通过设置基金会计记账主体对基金进行单独核算和报告，能够促进资金使用的合规性，符合委托人的需求。

为了保证政府行为的合规性，保证限制性的财务资源真正用于其限定性用途，我国政府应按照不同的财务来源设置组织（单位）层面会计主体的子系统，即基金会计主体。基金会计主体的设置，有利于资金的规范化核算、管理和控制，同时单独对外报告，接受监督，有利于政府的外部监督及内部绩效管理，提高政府绩效，很好地履行对财务资源提供者承担的专项受托责任。

政府财务资源有不同的限制性要求。为了体现资源运用的限制性，理论上应当设立的不同的基金种类。基金可以按不同的目的、活动或项目设立，如美国政府会计准则委员会（GASB）向各州和地方政府推荐设置公共基金、权益基金和信托基金三类基金。

公共基金也称政府基金，是指政府用于从事社会公共事务管

① 杨亚军．我国政府会计理论框架研究［D］．北京：财政部财政科学研究所，2011：75.

理和国家安全等行政性活动开支的各项基金。公共基金的资源一般来源于税收和政府债券，支出方面体现政府当年履职活动的结果，资源预算经立法部门审核批准。公共基金按用途划分为普通基金、特种收入基金、资本项目基金、偿债基金。普通基金收入按来源不同可以分为税收收入、执照和特许收入、政府间收入、服务费收入、罚没收入和其他收入六类，普通基金运用的目的是提供公众需要的纯公共商品和服务，这类基金对于政府的活动范围限制性条件较少，主要用于政府大部分的“一般行政”活动，如提供社会治安、公安消防、公共卫生、公益事业、道路维修等活动。特种收入基金是指政府依据相关法律、法规、行政法令、合同协议的规定取得，用于限定项目或活动支出，要求资源的专项运用，如社保基金、农业综合开发资金、特定税费收入等。资本项目基金是专门为某个具体项目而筹集使用的资金，如三峡水库库区基金等。偿债基金是为了专门偿还债务而开设的基金，以保证偿债责任的履行。公共基金中的特种收入基金、资本项目基金和偿债基金的限定性较强，一般应该单独开设基金，以便更好地进行核算和控制，实现政府绩效。

权益基金是指政府提供的与企业相似的产品和服务，这种基金主要核算政府作为权益主体的投资与收益，有利于政府公共政策的实施和增加财政收入。这种基金分为企业基金、内部服务基金。国有企业存在着双重委托代理关系，根据委托代理理论，如果委托人掌握的信息不充分，则容易造成最终所有者监督缺位，可能会致使国有资本流失。为了解决委托代理中的所有者监督缺失的问题，我国政府的国有股权收益，单独设置国有股权投资基金进行核算和对外报告，通过国有企业股权投资基金，核算政府投资企业的支出和基金收益，防止国有资本流失，更好地对国有企业的股权进行管理和控制，保证国有资本的保值和增值。

信托基金主要处理政府或政府单位以信托人或代理人身份，接受个人、私人机构、其他政府单位或其他政府基金保管或监管资产而设置的基金；分为受托基金和代理基金两种。通过设立信托基金，单独作为会计主体进行会计核算，能够更好地体现政府对特定受托人的受托责任，有利于政府专项资金的使用，履行受托责任。如受托基金中的社保资金和住房基金，关系到广大公众的利益，开设社保基金和住房基金分别单独进行核算和运用，通过政府合理的运作使基金保值增值，充分实现政府履行社保承诺义务和解决住房等民生问题的长期义务和责任。同时，应单独对外报告，以反映政府受托责任的履行情况，接受公众的监督，提高政府运用资金的绩效。

政府和政府单位为了强化对政府财务资源的有效控制和强化受托责任，可以按照上述 GASB 推荐的基金类别，按照法律规定、合同协议或财务管理的需要，按用途设立政府基金，基金必须按照限制性的规定运用。根据制度变迁理论，制度的变迁是一个过程，受到环境因素影响和制约。我国设置基金会计主体的种类和数量，应和我国现在的政府会计内外环境因素相适应，既能充分体现政府的特定受托责任，又能与我国财政管理体制相适应，能够顺利实施。因此，政府设置政府基金的数量，主要依据法律规定、基金用途的限制性以及财务管理的有效性来确定。目前，我国需单独开设进行核算的基金应包括公共基金里的特种收入基金、权益基金、信托基金如社保基金、住房基金等。从长期来讲，为了更好地体现政府专项受托责任的履行情况，应按财务资源的限定性用途全部设置基金单独核算和报告。

6.1.4 我国政府会计报告主体的确定

报告主体是指需要对外提供财务报告的经济主体。政府财务报告源于政府承担的受托责任和委托人的信息知情权利。国际会计师联合会公共部门委员会（PSC）在《公立单位委员会第 11 号研究报告——政府财务报告》中指出，政府财务报告主体是指能够合理预期到有使用者存在的主体，这些使用者依赖财务报告获取对报告主体履行受托责任情况进行评价以及使用者制定决策有用的信息。根据公共财政理论和委托代理理论，政府职能是提供公共产品和服务，资金来源于公共资金，只要独立承担受托责任，履行政府公共职能的实体都应向委托人（尤其是外部委托人）定期报告和披露履职情况信息，以便对外反映其受托责任履行情况，承担其会计报告责任。因此，受托责任是所有政府财务报告的基础。政府报告主体可以指政府整体、政府部门、具体政府性单位。

6.1.4.1 政府财务报告主体界定的一般标准和具体范围标准

（1）*政府财务报告界定的一般标准*。政府财务报告主体可以按照履行受托责任义务的实体来确定，以便强调受托方责任，加强外部监督，促进政府组织绩效的提升。如美国政府会计准则委员会（GASB）于1991年6月发布的《政府会计准则委员会第14号公告——财务报告的主体》中规定，政府会计报告的主体由以下部分组成：基本政府；对基本政府负有财务责任的组织；那些就其与基本政府的关系的性质和重要性来说，如果不将其纳入报告主体的财务报表，便将导致财务报告信息不完整的组织。

政府会计报告主体也可以从报告的需求者角度来确定。通过合理预计报告使用者的信息需求，提供满足其需求的信息作为报告主体。如澳大利亚的《会计概念公告第1号——报告主体的界定》中认为报告主体的确定应以使用者信息需求为导向，只要能合理预期存在使用者的信息需求，其联邦政府、州政府、行政区政府、地方政府、政府各部门以及被地方政府和政府各部门控制的某些主体，均能被视为通用目的财务报告的主体（AASB，1990）。

（2）*政府财务报告主体范围的确定标准*。从承担受托责任和合理预计使用者需求角度出发确定政府会计报告主体是报告主体界定的一般方法。但具体到将哪些经济活动纳入到会计主体的报告范围中，尤其在涉及政府整体的合并报表时，哪些活动范围应纳入合并报表的范围，PSC（1996）在第 3 号研究报告中归纳了以下界定标准：基金核准分配标准、控制权或所有权标准、其他标准。

确定政府财务报告主体范围可以按照基金核准分配标准来确定。这种标准是指通过财务报告证实资源取得与使用是否与基金核准分配法或支付命令相符合，以明确报告主体的受托责任和进行相关决策。我国现行政府会计报告主体的确定就采用了这一标准，报告主体包括财政总预算单位、政府部门、行政事业单位等。这种分配标准的优点是和预算管理和控制相一致，缺点是没有反映政府整体受托责任，不能完全反映政府的全部活动及影响。基金核准分配主体和我国预算管理相一致，可以作为政府财务报告主体的参考标准（王雍君，2004），但其报告范围和内容应拓宽到政府预算单位的所有履职的经济活动。

控制标准是指政府具有所有权或控制权的主体和交易，都应纳入政府报告主体范围。在控制标准下，政府财务报告的主体包括政府控制的所有主体和交易，按照控制权限进行报告。这种方式有利于政府对所控制单位的控制与管理，但在控制权的界定方面，具有一定的困难。我国是公有制为基础的社会主义国家，国家所掌握或控制的财务资源的潜在范围较广，使用控制标准界定政府会计报告主体范围具有很大的难度。

除此之外，PSC 还规定了法律主体标准和政治受托责任标准。法律标准主要是通过法规来界定哪些或哪类主体应在政府的合并报表中体现。政治受托责任是指报告主体并不以法律规定或组织结构作为界限，而是以所负责的活动和主体来确定报告界限。

6.1.4.2 我国政府财务会计报告主体确定

我国政府会计财务报告主体的界定，应以实现政府最终会计目标为导向，报告主体要从通过对外报告解决信息不对称问题、建立政府外部监督机制和体现政府受托责任的角度来确定。

政府绩效监督治理是通过界定公众和政府的权责关系，通过政府财务报告完整反映政府的财务受托责任运用及结果情况，促进政府的绩效管理，提高政府资源的合理使用，履行政府受托责任。政府财务报告的高透明度是委托人正确进行绩效评价的核心要求。政府会计的高透明度是指政府向公众提供全面反映政府公共财务受托责任的信息，具体包括合规性受托责任信息、绩效性受托责任信息以及政府长期履职能力信息。同时，政府会计的高透明度也是公共财政的要求，是解决委托代理关系信息不对称问题的关键。政府会计报告主体的界定应以反映政府的财务受托责任和反映政府行为共性为基础。具体应从以下两个角度加以界定：

基于组织视角的政府会计报告主体的界定。报告主体应从财务报告的目标和信息使用者的需求出发，以权益论中的主体理论为基础确定。根据现代公共财政理论，以政府受托履行职能为出发点来界定政府会计报告主体，即无论哪一层次的政府主体，均要以实现政府受托职能为前提，都要对本级政府所管理和控制的经济资源及投入和产出结果进行报告，如实反映本级政府履行政府职责和相应资源耗费的情况。在每一级次中政府的全部受托责任是由各个部门或单位承担，相应的资源也由各个部门和单位管理和控制。因此，承担具体职能的部门或单位也作为报告主体，对委托人报告其运用资源的履职情况。这种报告主体的界定能够清晰界定会计报表的业务资料范围。每级政府整体和部门及构成单位均作为会计报告主体，能对政府总体的财务状况和政府业绩以及政府公共受托责任履行情况进行了全面综合的反映，同时也满足了政府财务报告信息使用者对相关信息的需求。这种报告主体是以交易共同性的组织来确定，即履行政府职能、使用公共资金、满足公共需要。

我国政府按照财政管理体制分为五级政府，每级政府包括多个政府部门单位和下一级政府。只要是履行政府职能，运用公共资源的部门单位以及政府整体都是报告主体。下级政府汇总本级部门和单位财务报告编制合并报表，对外公布，同时向上级政府报告，由上级政府汇集同一级次部门报表和下级报表合并成本级次报表对外报送。因此，对于每一级政府整体来讲，即是会计记账主体，又是报告主体，但记账和报告的范围有很大的区别。每一级政府整体进行财政总预算的相关收支核算，只核算财政总预算的收支情况，但作为报告主体，报告的内容包括本级政府整体的全部活动及影响。

基于基金层面上的政府会计报告主体，是根据特定的委托代理关系而产生的报告责任和义务。因此，基金会计主体同样负有对外报告的义务，基金会计报告主体是政府会计报告主体的特定方面，单独反映基金的取得、使用状况。

因此，从有利于解除受托责任、绩效评价及外部监督机制建立的角度而言，政府整体及履行特定职能的部门或单位和政府中特定用途的基金，都应视为一个独立的政府报告主体。

政府组织具有层次性，职能和资源具有包含关系，对外履行的受托责任也具有一定的层次性。具体来讲，我国政府会计报告主体具有以下层次，每一级次的政府整体，我国包含五级政府，理论上应有五级政府整体作为对外报告主体，分为为中央、省（直辖市、自治区）、市（自治州）、县（市辖区 、自治县）、乡；每一级政府内包括的履行政府某一职能的各个部门和构成单位以及本级次部门联合整体。另外，依法单独设立的基金主体也作为报告主体单独报告。

6.2 我国政府会计核算对象与核算对象要素的改进与重构

6.2.1 政府会计核算对象

会计对象是会计主体进行会计确认、计量、记录和报告的标的，是会计学科的研究基础。毛泽东（1966）在其著名的《矛盾论》中指出："学科研究的区分，就是根据学科对象所具有的特殊矛盾性。因此，对某一现象的领域所特有的一种矛盾研究，就构成某一学科对象"。一般认为会计核算对象是资金运动，在市场经济条件下，会计对象可以具体化为在生产运动过程中能够用货币来表现的经济活动。

6.2.1.1 政府会计核算对象和我国政府履责过程中的经济资源流动

（1）政府会计核算对象的确定依据。会计是财务信息系统，有其本身的特点。财务会计把经济业务转化为有用信息，加工过程包括确认、计量、记录和报告四个程序，其中确认是基础。确认是确定经济业务和事项能否进入到会计系统进行核算，确认的依据有两个：一是能够货币化计量，二是符合会计信息质量特征的具体要求，其计量、记录和报告的结果应在报表中列示，以满足信息使用者需求。因此，进入到会计核算系统的信息，一方面要满足会计信息使用者对信息的需求，另一方面要考虑会计本身以货币化作为计量手段，提供价值指标的特点。政府组织存在着广泛的委托代理关系，政府对委托方承担经济性和非经济性受托责任，委托人需要通过会计了解政府受托责任的履行情况及其影响。

（2）我国政府受托履责过程中的经济资源流动。公共财政体制下，政府作为经济主体，利用公共权力取得公共资源，在履行受托责任过程中运用和消耗资源。政府履职过程也是政府作为政府资源配置主体进行资源配置的过程，目的资源优化配置，最大限度地满足公众的公共需求。政府会计通过提供实现政府履行职能时资源的流量（流量、流向、流速等）、分配和配置的有关信息，为政府和委托人共同的目标服务。政府掌握和控制的经济资源，是履行受托责任能力的物质保障。在政府受托责任和政府经济资源之间存在以下关系：

$$\sum 政府资源 = \sum 政府责任$$

委托人提供资源，受托方受托对资源进行管理和运用，履行对委托人承担的受托责任。在政府履责过程中，需要一定的经济资源耗费和支出，同时，又会存在一定的资源流入来弥补耗费，产生新的受托责任。政府在经济资源流动过程中履行和承担相应的受托责任。

（3）我国现行政府会计核算对象。1998 年 1 月 1 日起，我国实行的《财政总预算会计制度》把会计对象定义为“各级政府财政部门核算、反映、监督政府预算执行和财政周转金等各项财政性资金活动”。行政单位会计也主要是核算行政单位的预算收支和预算外收支，侧重反映收入和支出及结果情况。事业单位以部分预算资金和业务资金作为会计核算对象，反映事业单位预算资金的收支情况及结果和业务运营情况。因此，我国现行预算会计制度主要将政府预算会计对象定义为履职过程中的财政（政府）资金收支运动及结果。

这种政府会计核算对象的界定，仅反映政府财政资金预算收支情况及结果，没有反映政府活动的全貌以及政府活动的未来影响，如隐性债务、固定资产、国有资本投资收益等。这些未纳入政府会计的核算对象，可能会导致国有资产产权流失和收益权界定不清，负债项目被低估，加剧财政风险；社保基金管理控制不严，挪用显现严重。在我国环境发生重大变化后，现行预算会计核算对象提供的信息，已不能满足外部信息使用者对反映政府履责活动的全面信息的需求，也不能为政府内部管理和控制提供履责的真实信息。

（4）我国政府会计核算对象的确定。随着经济的发展、人们民主意识的加强，公众对政府受托责任的期望值也在逐渐提高，要求政府履行更多的受托责任。信息使用者主要利用政府履职的相关信息进行绩效评价，来了解政府受托责任的履行情况。公众希望能够更方便和更直接地获取真实、完整的信息，如政府管辖的国有资源和固定资产等情况，政府债务以及社保基金运作收益，政府对公共项目的投资收益等，以便实施监督权力。在外部绩效需求和监督导向下，政府也需要用更完整的信息来进行决策，提高资源的使用效果。因而，传统的单纯记录财政资金收付的政府预算会计的核算对象，已不能符合内外信息使用者进行政府绩效监督和绩效管理的要求。

公共财政体制下，绩效型政府的建设，要求政府的财务活动更加透明，更能全面反映政府履职活动及其影响。我国政府会计核算对象只有拓宽到政府履职过程的全部资源流动及结果和相应承担的政府责任，才能满足信息使用者的需求。由于现实计量技术的限制，部分政府的资源和责任难以货币化计量，能够进入政府会计核算系统的是政府履职过程中能够货币化计量的经济资源的流动及结果。

政府会计主体包括政府组织及特定用途的基金，不同的核算主体有不同的会计核算对象。

6.2.1.2 政府组织层面的会计核算对象

政府受托从事活动，为了完整地评价政府绩效，反映政府绩效性受托责任的履行情况，政府会计不仅要反映预算单位预算执行情况及其结果，还应提供评价政府组织履职整体能力和政府履职的效果性和效率性评价的信息，如可控整体资源的总量与构成，履行职责所形成的所有义务、承诺和社会责任的规模与结构，政府可控资源的保值增值情况以及政府活动的收益和成本费用等方面的信息；重点包括国有资产收益情况、政府债务情况（显性债务和隐性债务等）以及社会保障基金的保值增值情况。

因此，本书认为政府会计核算对象应当按照政府组织承担的受托责任范围和公共经济资源活动的内容来确定，政府会计对象扩展到政府组织履职过程中全部经济资源流动及结果中能以货币化计量的一切数量方面。具体包括公共收入、公共支出、履职耗费、公共投资、能够计量的公共财产以及公共债务等，从而能够反映政府履职的全部行为及影响，使委托人通过财务报告了解政府绩效，参与政府绩效治理，最终达到资源的最佳配置和人们需求的最大满足。

6.2.1.3 政府基金会计的核算对象

政府基金是政府组织财务资源的一部分，是为了达到特定目的或从事特定活动而按照法律、法规及其他限定分开设立的、自求平衡的一组财务资源。政府设立基金的目的是保证资源的专用性及通过有效运作使其增值。因此，我国政府基金会计的核算对象就是我国政府设立的有特定用途的、履行特定受托责任过程中的财务收支（限制性资源）的运动及其结果。

6.2.2 政府会计核算对象要素及其确认

会计核算对象的要素是指会计核算对象的具体内容分类。对于会计要素的理解，国内外有一定的差异，国外权威会计组织是把会计要素作为会计报表要素来解释的，如美国财务会计准则委员会第 6 号公告《财务报表的各种要素》中认为，财务会计报表的各种要素是构成财务报表的材料，就是财务报表所包含的内容。我国一般把会计要素定义为会计对象的具体项目。

也有许多学者将上述认识合二为一，认为会计要素是会计对象的构成要素，是会计对象的组成和具体化，是财务报表的框架或构件。财务报表是会计核算的最终产品，会计核算对象及核算方法是财务会计信息质量保证的前提。会计核算的内容与要求也应符合报表信息使用者的需求。从这个角度理解，会计核算要素是会计对象的具体化，核算要素的分类取决于信息使用者的需求——通过绩效评价来反映和解除受托责任和决策有用。

6.2.2.1 政府履职过程中的资源流动过程及特点

政府会计的核算对象是政府履职过程中的能够以货币化计量的政府经济资源的流动及结果，政府财务报告目标是对委托人提供绩效评价的信息，反映受托责任的履行情况。政府会计核算对象要素应该与政府履职的绩效评价有关，反映政府受托责任履行的绩效。政府经济资源流动的目的是为了履行政府受托的财政职能。政府履职过程是通过提供一定的公共产品和服务来实现的，履职的同时发生相应的经济资源的耗费，并依据公共权力取得收入弥补耗费，承担新的履职责任。经济资源是履职的物质保障，相对于公众对公共产品和服务的需求，政府掌握和控制的经济资源是有限的，政府履职能力的效率评价要求政府提供的公共产品与其消耗的公共资源相配比。政府绩效治理中的外部监督依赖于政府绩效的评价。政府绩效包含政府整体履职能力、政府行为的合规性、政府履职结果的效果性和效率性。

公众和政府之间存在着委托代理关系，政府对公众承担相应的受托责任，政府会计的最重要的要素是政府责任，包括政府取得资金承诺的义务和履职责任。政府履职能力的物质保障是政府以各种形态存在的经济资源，如以流动性形态和非流动形态存在的货币、有价证券、存货、固定资产等。因此，与政府责任相对应的是政府可用于履行责任的政府经济资源。

$$\sum 政府资源 = \sum 政府责任$$

——政府受托责任静态等式

政府资源的取得和成本的弥补方式有所不同，需要承担不同的政府责任。政府以债权人身份取得的资源和在履职过程发生的债务，应承担直接偿还的义务，以公共权力取得的非直接偿还性资源，应承担公共受托履职责任。政府某一时点掌握和控制的经济资源扣除需偿付的债务余额是本期履职的结果，也即本期政府履职的剩余，是未来履职能力的物质保障，并不是资金提供者或政府能够要求索取的。通过政府会计核算，合理配置政府在不同时点上的资源耗费，满足社会公众不同时期的公共需求。未来履责能力有助于使用者评价当年的收入是否足以支付当年所提供的服务，未来的纳税人是否需要负担政府以前提供的服务的成本。

根据政府会计核算对象的货币化计量特点，能够进入到政府会计核算系统中的经济资源应是能货币化计量的财务性资源，相应的债务是能够货币化计量的财务性负债。根据权益论中会计主体理论，具体在某一个静态时点上，政府掌握的资源和资源提供者的不同权益（或政府责任）关系表现为：

∑政府财务性资源＝∑财务性偿债责任＋∑未来履职责任（能力）

——政府受托责任静态等式

政府在一定时期内，为了履行政府职能需要相应的资源耗费或流出，导致政府能用以履职的资源减少，同时取得相应的资源补充，政府在资源的动态流动过程中履行和承担相应的责任。考虑某一时期内政府财务资源的变动，政府财务性资源在某一个时期动态表现为：

∑政府期初财务资源＋∑本期财务资源流入－∑本期财务资源耗费＝∑期末财务资源；

∑期末财务资源＝∑期末财务责任；

∑政府期初资源＋∑本期资源流入－∑本期资源耗费

＝∑财务性负债＋未来履职责任（能力）

——政府受托责任动态等式

政府通过会计核算提供政府履职过程中资源流动与配置的相关信息，能够有助于政府资源在不同时点上的合理配置，满足社会公众不同时期的公共需求。

政府在履职过程中，会存在相应的特定用途的基金资源，为了体现专款专用原则，基金需要单独核算、单独对外报告。政府基金资源和相应承担的特定受托责任具有以下关系：

∑存在限制性资源＝∑特定受托责任

特定受托责任包括合规性受托责任及绩效性受托责任。合规性受托责任是指履行特定受托责任时的本期资源的收支及未来特定的偿债责任。考虑基金资源的变动，动态公式如下：

∑基金资源＝∑基金负债责任＋∑基金结余（绩效性受托责任）；

∑基金结余＝∑基金收入－∑基金支出；

∑期末基金资源＝∑基金负债责任＋∑期初基金资源＋（∑基金收入－∑基金支出）

6.2.2.2 政府会计核算对象要素的确认及相应会计等式的构建

根据以上反映政府履职责任和政府财务资源的关系等式，遵循会计货币化计量特点，可以把政府会计核算对象分为资产、负债、净资产、收入、费用五大要素，用以核算政府履职过程中的耗费及结果。但是，政府在履职过程中还涉及大量货币性资源的流出和流入，为了加强对政府货币资金流入和流出的控制，实行预算管理和收支两条线，充分体现政府行为的合规性及收支控制原则，减少主观估计因素，本书认为在上述五要素之外，应再额外设置货币性收入、货币性支出和货币性结余，以反映当期货币资源的变动，和国家预算一致，有利于国家预算的管理和控制，体现专款专用原则，也利于公众了解政府的资金来源与支出用途，有利于基金会计主体的核算。资产也可相对应地划分为货币性资产和非货币性资产。

根据以上分析，本书把政府会计核算要素分为以下方面：

（1）*政府货币性资产和非货币性资产及确认*。政府主要是通过资源的取得、运用来实现其职能的。政府拥有或控制的经济资源，包括政府以履行社会管理职能，提供公共产品和服务为目的，凭借法定权力取得的税收、服务收费、罚款等收入以及发行国家债券等方式取得的收入。这些收入进入政府后，形成各种形态的资产，如现金、应收款项等流动性资源，固定设备、城市排水系统、建筑物等固定资源。同时，我国是社会主义国家，国家范围内的自然资源，如土地资源、各类矿产资源以及野生动植物资源，属于国家所有，由政府管理和控制，这些都是政府可以用于履职的经济资源。

会计主要是提供价值信息的信息系统，核算范围以货币化计量为约束。美国财务会计准则委员会在其概念框架中认为，在会计和财务报表上，要素实际是对经济组织“现实中存在的各种经济事务和事项的财务描述”。因此，从政府财务会计要素的角度出发，政府可用于履职的各种形态的资源称为政府资产。政府资产是政府会计主体过去交易或事项形成的、能够拥有或控制的、货币化计量的、能够用于履行政府职责的经济资源。因此，政府总资产≤政府经济资源。政府的总资产分为货币性资产和非货币性资产。

货币性资产是指政府当期可用以直接支付履行政府责任的资产，具体包括现金、银行存款、政府预算内拨入经费形成的单位零余额账户存款、财政零余额账户存款等。货币性资产的确认以本期是否能有权支付履行政府责任为依据。

非货币性包括其他流动资产和固定资产。流动资产包括应收款项、有价证券、库存材料等。固定资产包括资本资产、长期应收款等种类。政府非货币性资产的合理确定和披露是评价政府履职能力和承担相应责任的基础，也是评价政府资源合理利用以及政府资源运用效率的基础。因此，为了体现政府履职行为的透明性，客观评价政府绩效，应在政府会计核算和报告中确认并披露政府的货币性资产和更广泛的政府非货币性资产，以反映政府控制资源的整体情况。

政府非货币性资产的确认内容标准包括以下方面：政府以履行一定责任为承诺，现实拥有或控制的，并且能够可靠计量的、未来能够通过合理运用履行政府责任的非货币性经济资源。政府非货币性资产的确认时间标准应符合政府会计的处理基础。

（2）*政府负债及确认*。企业中的负债是指过去的交易和事项形成的、预期会导致经济利益流出企业的现时义务。政府中的负债是指政府在履职过程中承担的需要以资源偿付的经济责任。负债包括流动负债和长期负债，过去事项导致的现实义务有可能是法定义务，也可能是推定义务。同时，政府负债既包括直接的显性负债，也包括相当部分的隐性负债。随着政府职能的扩大，政府所承担的显性负债和隐性负债也逐步扩大，政府的财政风险同时加大。

政府负债确认的关键问题在于是否确认与披露推定义务和或有负债。当具体或特定的支出义务形成，有特定偿付主体，才能确认为会计上的负债。会计作为财务信息系统决定了能够进入系统中进行核算的必须能够可靠计量。因此，政府会计要素中的政府负债是指政府会计主体过去交易和事项形成的、对特定受益主体承担的、能够可靠计量、需要以政府经济资源来偿付的现实经济责任或偿付义务。

政府会计主体负债要素确认包括内容上的确认和时间上的确认。内容的确定应符合负债要素定义标准：政府负债是政府主体对特定受益主体承担的现实责任和义务，该责任和义务必须能够货币计量，履行该义务需要用政府总资产来偿付。政府负债时间的确认应按照政府会计处理基础来确定归属期。

（3）*政府净资产及确认*。在政府会计中，政府货币性资产和非货币性资产总额扣除负债后的净额，称为净资产。政府组织层面会计主体的净资产，是本期政府履职活动的经济结果，是政府履行其公共责任持续能力的体现。当政府资产＞政府负债时，说明政府未来的履职能力可能加强。但净资产并不是越大越好，取决于本期政府职责是否有效履行。政府净资产为负，说明政府现有资源可能无法履行当前和未来的义务与责任。因此，净资产的大小应有合理的范围，既能有利于本期职责有效履行，同时又能保障政府承担长期履职责任。

净资产的确定依赖于政府资产与负债确认。基于绩效导向的我国政府会计要求政府合理运用资源，真实反映政府的活动及结果，只有政府资产和负债中合理运用权责对称原则时，净资产项目才能提供正确的绩效信息。

（4）*政府收入、费用及确认*。《企业会计准则——基本准则》（2006）中指出，收入是指企业在日常活动中形成的、会导致所有者权益增加的、与所有者投入资本无关的经济利益总流入。费用是指企业在日常活动中发生的、会导致所有者权益减少的、与向所有者分配利润无关的经济利益的总流出。企业中收入和费用具有一定的配比性，一定时期内，收入与费用配比的结果产生利润或发生亏损。企业通过以上会计要素核算来反映一定时期的经营成果。政府组织不以营利为目的，职能是提供公共产品和服务，在提供公共产品时，发生一定的耗费。在政府组织层面会计主体上，政府消耗的费用和政府履行的职能相对应，是政府履行职能的成本。通过政府履职的结果与政府消耗的费用配比，衡量政府履职效率。政府主要收入来源于税收，政府征税的权力是人民通过人民代表大会委托给政府的强制性权力，目的是换取需要的公共产品和服务，这种收入和政府承担受托责任具有一定的配比性。同时，政府提供的部分服务也收取一定的费用，这种收入有部分的配比性，但政府不以营利为目的，并不是为了取得收入才提供服务的。因此，政府的收入和费用不具有直接配比性。但在政府履职过程中，政府收入＞政府履职费用，会导致政府一定时期经济净流入，致使未来履职能力和责任增加。

政府取得收入是为了更好地履行政府职责，同时也承担了更多的履职责任，政府收入与政府承担的履职责任相对称。政府收入是指政府在履行政府职能过程中发生的、会导致未来履职能力增强的、不需要直接偿还的、承担更多履职责任的经济利益流入。政府的费用是在履行政府职责过程中发生的、会导致未来履职能力减弱的经济资源价值的消耗或减少。政府费用是政府履行职责资源消耗，合理地确认与计量政府费用，是正确评价政府履职成本、政府行为效率和效果的前提。

政府收入和费用的确认应符合以上定义，并符合政府会计处理基础，充分体现政府资源和政府责任的对称性。

（5）政府货币性收入、货币性支出、货币性结余。政府取得货币性收入能够增加当期可直接用于支付来履行职责的资源，履行政府责任会导致货币性资源流出，减少当期可支付资源，政府收支是衡量政府行为合规性的依据，是结果绩效性的基础。政府货币性收入是指政府当期履职过程中取得的，能够导致本期货币性资产增加的、不需直接偿还的、可直接用于履行政府责任的经济利益流入；一般包括预算收入、预算外收入和其他收入。政府货币性支出是指政府当期履职过程中发生的、导致当期可用货币性资产减少的、不是用于偿还债务的流出或损失。收支分类应按照 2007 年《财政收支分类科目》来设置。政府货币性收入要素和货币性支出要素的设置，有利于核算政府某一特定会计期间内的货币资源流动和结果。通过货币性收支要素中预算收支科目的设置，能够体现预算执行情况，同时也能反映政府总货币性收支情况。这两个会计要素和我国现行预算会计收支要素基本含义相同，能够具有一定的衔接性。

货币性结余要素是政府货币性收支相抵的结果，体现了某一特定时期货币性资源数量的净变化。

（6）*政府会计要素的等式关系*。根据以上政府会计要素的定义及政府履职过程承担的受托责任的履行情况，政府层面上会计要素之间存在以下关系：

货币性资产＋非货币性资产＝负债＋净资产

——政府主体会计恒等式

货币性资产＋非货币性资产＋本期费用＝负债＋净资产＋收入

——政府主体履职过程中会计动态等式

货币性收入－货币性支出＝货币性结余

——政府主体收支动态等式

根据政府组织中存在的特定用途的基金设置的基金会计主体，要素之间具有以下的关系：

基金资产＝基金负债＋基金余额

——基金主体会计静态等式

期末基金资产＝基金负债＋期初基金余额＋（收入－支出）

——基金主体会计动态等式

6.3 我国政府会计处理基础选择

6.3.1 政府会计绩效信息与会计处理基础

会计处理基础是会计主体交易和事项在财务报表中何时确认的会计原则。会计处理基础的选择直接影响会计主体在一定时期的核算及结果，对财务报告提供的信息质量具有重要的影响。

6.3.1.1 政府会计处理基础可选择类型及区别

会计处理基础在企业会计中分为权责发生制和收付实现制，会计要素在某一特定期间确定标准是现收现付制和权责发生制的区别。

美国财务会计准则委员会（FASB）在第四号公告中认为权责发生制也称“应计制”，是“交易或其他事项对企业资产和负债的影响，在其直接相关的时期内确认与报告，而非在现金收、付发生时确认与记录”；“每期收益和财务状况的确定，取决于在变动发生时的经济资源和义务及变动的计量，而非货币的简单记录（APB，1970）”。国际会计师联合会（IFAC）认为“按照权责发生制，要在交易和其他事项发生时（并不是在现金或其等价物收到或支付时）确认其影响，并且要将其计入与其相关联期间的会计记录，并在该期间予以报告”[①]。因此，根据美国财务会计准则委员会公告的解释，权责发生制是以业务或事项对本期的真实影响进行相互配比，区分收益性支出和资本性支出，通过对资本性支出计提折旧，反映会计主体行为产生效益与消耗的经济资源之间的差额的一种财务结果，确认以交易和事项是否实质发生对权责的影响为判断标准。在这种处理基础下反映的财务信息，体现了配比原则和受益原则，能够真实地反映会计主体的“权利”和“责任”，因此，应计制下提供的会计信息能够反映会

① 吴水澎．中国会计理论研究［M］．北京：中国财政经济出版社，2000：38.

计主体经济资源或经济潜力和承担的相应责任。收付实现制也称“现金制”，在处理方法上与权责发生制有很大不同，要求会计主体在收到现金时确认收入、支付现金时确认费用，无需进行收入和费用的配比，反映的是会计主体行为对当期现金资源的影响。

现金制和应计制只是会计处理的两个极端，正如国际会计师联合会公共部门委员会（IFAC-PSC）认为，“会计上有这样一个基础区间，区间范围以应计制和现金制为两个极端。两级有许多变化，这些变化实质上是对现金制和应计制的修正”①。国际会计师联合会认为，修正的现金制是指以某种方式对某些交易或事项采用非现金基础进行确认与报告，它通常有两种变体：“附加期”模式和附加披露模式②。“附加期”模式是指在规定的追加期内（通常在30天或以内），对源于前一会计期间的交易所产生的本会计期间的现金收付，仍确认为前一会计期间的现金收付。附加披露模式是对于通常在现金制下确认的项目提供附加的信息披露，典型的如“附加期”内的近似现金余额项目、财务资产与负债等信息③。修正现金制和应计制的区别是应付和应收权利在本期确认仅限定在某一确定时期内。因此，修正现金制的计量重点主要是当期现金资源及准现金资源的变动，包括本期应收未收或应付未付延至下一期间附加期内的现金款项。

修正的应计制是指按照应计制确认基础时，从财务报表中不确认某些种类的资产和负债项目，使财务报表主要报告能够可靠计量的货币性资产和货币性负债。修正应计制和应计制的区别是对以应计制为基础确认的资产与负债的范围做出限制，包括：所有非财务资产在取得时确认为费用，或者部分非财务资产（国防

① 荆新，高扬．政府会计基础模式：比较与选择［J］．财务与会计，2003（9）：50.

② 楼继伟，张弘力，李萍．政府预算与会计的未来［M］．北京：中国财政经济出版社，2002：8.

③ 王雍君．政府预算会计问题研究［M］．北京：经济科学出版社，2004：23.

与文化资产）在取得时或建造时确认为费用等。在这种修正的应计制下，费用没有完全体现与资源效益相配比的消耗。修正的应计制主要计量的重点是总财务资源及其变动。

修正的应计制和应计制都属于应计制，均以权利和责任的发生为确认基础，但是确认的范围有一定差别。修正的现金制和修正的应计制是一个区间，取决于修正的程度。

6.3.1.2 政府会计处理基础与政府会计信息反映

在不同会计处理基础下，会计主体提供的信息有很大的差异。会计处理基础的选择应有助于会计目标的实现。目标是具有层次性，满足不同层次目标下的信息需求，需要不同的会计处理基础。

政府会计中，采用不同会计处理基础所反映的政府信息有很大差别。现金制能够向信息使用者提供一定会计期间政府现金的来源、现金的使用以及报告日现金余额等信息。现金制处理基础下，对于政府现金取得和使用的合法性和合规性评价是恰当的选择。但现金制容易受到影响本期现金流量的人为提前或推迟收付行为的操纵，不能真实反映政府某一时期的活动影响，并且现金制不报告非现金资产的存量、负债、成本等绩效信息。修正的现金制能够有效地弥补现金制容易被操纵的缺陷，能够反映政府会计行为主体当期现金资源及准现金资源的取得与运用是否合规，但同样对于政府履职成本、长期资产、长期债务等难以进行反映。不同程度的修正应计制处理基础，对于金融资产和金融负债和能货币化计量的固定资产和其他资产，能够进行核算和反映。相比前两种现金制处理基础，在一定程度上满足了会计主体对总财务资源来源、分配和使用等方面的信息需求，但并没有能够完整地核算和反映政府履职的全部经济资源和经济影响。完全的应计制基础，能提供政府会计主体履职过程中控制的全部经济资源以及履职相关的成本、负债等反映会计行为主体经济性、效率性、效果性等绩效信息。

陈立奇和李建发（2003）按照应计制实施强度，把应计制划分为四类："低度"应计制，只反映短期金融资产和短期负债；"中度"应计制，除反映短期金融资产和短期负债外，还增加反映长期金融资产和长期负债；"强度"应计制，要求在资产负债表中反映包括资本资产在内的全部资产；"完全"应计制，除反映以上资产和负债外，还要求政府把法律赋予的提供社会保障和福利义务作为负债进行反映。陈小悦、陈立齐等（2005）将权责发生制按实施轻重程度分为四个不同程度，即轻度权责发生制、中度权责发生制、强度权责发生制和激进权责发生制，认为在不同权责发生制情况下，对资产、负债的确认不同。

6.3.2 我国现行的政府会计处理基础与政府会计信息

我国《财政总预算会计制度》第十八条规定"总预算会计核算以收付实现制为基础"，《〈财政总预算会计制度〉暂行补充规定》规定中央财政总预算的个别事项可采用权责发生制。《行政单位会计制度》第十七条规定"会计核算以收付实现制为基础"。《事业单位会计制度》第十六条规定"会计核算一般采用收付实现制，但经营性业务可采用应计制"。

总体来讲，我国现行政府预算会计采用以收付实现制作为主要的政府会计处理基础，能够提供政府收入、支出以及结余等信息，与预算一致。这样的处理基础便与跟踪和监督预算执行情况，但也存在一定的缺陷：首先，现金制容易受到人为操纵收支达到预算平衡，对于本期应付而未付的情况不能反映，不能真实反映政府的履职耗费；其次，收付实现制下，重点是现金管理，只侧重报告当期现金流入、流出变化，而对于政府在履职过程中其他资源流动及结果并没有完全反映，不能反映政府当期活动的全部影响；同时，现金制不利于政府内部财务管理，如对于存量资产没有很好的记录管理，长期负债或隐性负债并没有得到完全反映，不利于政府资产的管理，并且掩盖了政府可能存在的财务风险。

国际会计师联合会（IFAC）发布的“核算和报告负债”的研究报告指出，没有完整的关于债务、或有事项和承诺的信息，政府和政府财务报告的其他使用者就不可能对政府的财务状况做出现实的评估，而这种评估是制定关于服务供应数量和质量决策的基础①。政府会计的终极目标是通过提供政府资源配置流量、流向及配置结果的信息，有助于政府实现资源的最佳配置，最大限度地满足人们的需求。现金收付制为主的政府会计，难以满足政府的决策要求，不能对政府活动的终极目标提供完全的信息支持。

6.3.3 绩效导向下我国政府会计处理基础的选择

6.3.3.1 绩效导向下的政府会计信息需求

政府会计采用不同的处理基础，能够反映不同的政府活动信息，满足信息使用者不同的信息需求。选择恰当的会计处理基础，有利于政府会计通过核算提供高质量的会计信息，提高会计信息的可靠性、相关性，从而有利于政府财务报告目标和政府会计目标的最终实现。由于政府活动和所控制资源的特殊性以及政府会计本身计量的局限性，在政府会计处理基础上，应兼顾需要和可能，选择恰当的会计处理基础。

会计处理基础的选择，应首先考虑信息使用者信息需求的内容及质量要求、考虑会计主体的行为特点。同时，不同的会计处理基础对会计系统和会计人员的要求有很大不同，要考虑不同会计处理基础的实施条件及可能性等。

公共财政体制下，政府职能发生了很大变化，政府是服务型政府，更应是绩效型政府。我国政府会计内外环境变化对政府会

① 中国会计学会．政府会计理论与准则体系研究［M］．大连：大连出版社，2010：147.

计提出了新的要求：政府会计从信息支持和信息反映方面都应有利于我国的公共财政改革，有利于政府绩效的提高。这些变化要求政府会计信息首先透明、完整而真实地反映政府的财务活动及影响，有利于反映受托责任和政府内部决策的要求，提高政府活动的绩效以实现资源的最佳配置，更好地履行政府的绩效性受托责任。

从政府履职外部监督治理来讲，政府履职活动信息的外部使用者进行绩效评价需要以下政府信息：政府履职的合规性信息，如政府收入、支出是否合法合规；政府履职结果的效率性信息，如政府提供公共产品和服务的成本信息，以便对政府效率和效益进行经济性、效率性评价；政府履职整体能力的信息，如政府拥有的全部资产和全部债务，以便进行效果性评价。

从政府绩效内部控制来讲，需要对政府履职的支出进行总量和单项合规性控制，如支出的具体项目以及数额是否合规，政府能否实现收支平衡等信息；需要掌握政府履职成本信息，如履行某一具体职能的耗费，以便进行正确的决策；从政府资产和费用管理来讲，需要了解政府跨期资本性支出的使用价值和服务年限，以便更好地进行资产的管理和控制；需要了解政府真实的负债以及履行债务的能力情况，以便帮助政府提前避免和化解财政危机；从财政预算管理来讲，需要掌握政府履职的资源，以有利于政府集中采购制度、部门预算制度、国库集中支付制度等预算管理活动的实施，有利于政府资源的合理配置。

应计制处理基础有利于政府提供绩效净值信息，净值是政府跨期行为表现，是表明政府长期绩效的指标，其实质是某一时点政府受托管理的公共资源的价值结余①。应计制下的会计信息，能部分满足委托人和管理者对绩效信息的需求，有利于促进政府

① 姚宝燕．权责发生制政府会计改革问题研究：基于政府绩效治理的视角[M]．厦门：厦门大学出版社，2010：167.

部门财务管理水平，履行政府的受托责任。正如世界经济合作与发展组织（OECD）所指出，应计制能够反映和提供由于给公共部门管理者额外的灵活性而产生的受托责任；便于政府部门更有效率和更有效果地进行资源管理；超越运用现金的概念，将业绩概念进行拓展以改进受托责任；提供政府和管理部门决策影响的长期关注等方面的信息，为公共部门改善和促进绩效带来帮助。国际会计师联合会（IFAC）则认为，应计制基础会计信息，使政府管理部门能够准确评价政府及其机构的绩效、财务状况和现金流量情况；评价其遵循预算的情况正确作出财务资源的配置决策；证明其利用资源的受托责任；准确反映政府为其财务活动提供资金的情况，并评价其融资及偿债能力；评价政府部门提供产品和服务的成本、效率。[①]

6.3.3.2 我国政府会计处理基础改革的建议

权责发生制相对于收付实现制，在反映政府履职活动的全部影响和绩效结果信息方面，具有很强的优势。而且权责发生制的应用越彻底，反映政府受托管理的资源及相应承担责任的履行情况越完整，政府会计透明度越能得到体现，越有助于满足内外部信息使用者绩效评价和绩效管理的信息需求。因此，从长期的观点以及政府责任的广泛性（例如社会保险、生态保护、战略资源开拓等）方面来评价政府，越要实行彻底的权责发生制（陈小悦、陈璇，2005）。但政府行为影响以及所控制的资源具有很大的复杂性，如对土地、矿产等自然资源和社会保障、生态保护等社会责任的确认和计量问题，使政府会计处理基础在权责发生制改革方面具有很大的复杂性。同时，政府会计处理基础需要相应的环境条件，如健全的法律、会计人员的处理技能等。我国目前正处于财政体制转型时期，法律体系建设还不健全，现有政府会

① 贝洪俊．新公共管理与政府会计改革［M］．杭州：浙江大学出版社，2004：90.

计专业人员的技能还不能适应完全应计制的处理，因此，对于反映政府绩效信息的财务报表，应逐渐引入不同程度的权责发生制。从西方国家政府会计改革实践所需要的时间来看：新西兰 7 年，澳大利亚 15 年，英国 11 年（陈小悦、陈立齐，2002），我国权责发生制的改革可以采取渐进的实施路径，以减少实施的困难和阻力。

应计制引入程度应考虑绩效评价需求的迫切性、应机制引入的可行性、政府资产与负债引入应计制的对称性以及国家安全等原因的限制。根据我国目前政府环境，可先采取中度的权责发生制，对于强度的权责发生制中的资本性资产，如有公允价值能够可靠计量的，也应纳入政府会计核算体系；对于不能准确计量的资源以及或有负债或隐性负债，应在报表附注中予以适当的披露，或部分能够具备计量条件的，应计入政府会计系统。同时，为了全面反映政府资源的总耗费，应按照应计制的要求，将政府支出划分为资本性支出和收益性支出，收益性支出一次性计入费用。对于资本性支出，如能可靠计量其经济影响的，本期应确认资产增加并确认折旧费用，不能可靠计量具影响的，应一次性计入费用，并在报表附注中说明。政府本期履职过程中产生的收入，也采用应计制原则来确定。

权责发生制也有其薄弱之处，如费用的计提具有一定的主观判断因素，背离了现金流实际而缺乏客观性。现金制或修正的现金制能够有效地提供政府的货币性资金收付信息，能够准确地反映政府现金及准现金的余额，有利于国家的预算管理和收支控制，并能够真实地反映政府货币性资金收付是否合规，有利于国家有效地控制预算执行情况，有助于外部委托人和利益相关者监督政府货币性资金的使用。因此，现金制或修正的现金制应继续保留。在日常核算中，除采用权责发生制处理基础外，对政府基金以及政府部门（单位）的货币性收支，要同时采用收付实现制（或修正的收付实现制）基础核算。

因此，我国政府会计在会计处理基础方面，应同时实行权责发生制和收付实现制两种处理基础。在现行我国预算会计收支要素继续保留收付实现制的基础上，增设权责发生制的收入和费用，并且以此为基础确认相应的资产和负债。用现金制来编制政府运营收支表，用权责发生制编制政府的财务状况表和履职业绩表，来反映政府的运行业绩及履职情况。通过不同会计处理基础的同时运用，反映政府履职的合规性和政府的绩效性，同时体现预算控制原则。

7　我国政府会计信息披露制度设计

完善政府外部监督机制，有利于政府履职能力的提高。政府会计信息披露制度是政府监督治理的信息基础。我国政府目前进行了部门预算、国库集中支付制度、政府采购制度、预算分类改革等公共财政管理体制改革；同时，随着人民文化水平的提高和民主意识的加强，人们对政府绩效性受托责任的重视程度也在逐渐提高。在这种情况下，客观上要求政府建立规范的信息披露制度，建立政府整体和政府各个部门能够遵循的统一内容和程序规范，这有利于提供真实可靠的信息、提高政府履职的透明度，能够让外部委托人、信息使用者清楚地了解和评价政府履职的绩效信息来履行监督权利；同时，也有利于政府内部绩效管理和国家的宏观控制，提高政府履职能力，促进资源的最佳配置，满足人们的公共需求。

随着经济全球化的发展，政府的活动越来越趋同，越来越多的国家采用权责发生制来进行政府会计的确认与计量，在此基础上，政府披露的财务信息应包括收付实现制为基础的预算信息，也包括权责发生制为基础的政府履职成本、政府长期资产和负债等绩效信息。

7.1　我国政府会计信息披露主体与披露对象确定

7.1.1　我国政府会计信息的披露主体

政府会计信息的披露主体是指哪些单位的财务信息汇总或并

入财务报告，来进行对外信息公布。随着我国社会主义市场经济体制的建立和完善，财政体制改革不断推进，市场成为资源配置的基础手段。政府从弥补市场失灵出发，提供市场不能满足的公共产品和服务；政府和市场是相互补充的关系，政府和市场共同构成资源配置的主体，以实现资源的优化配置，实现经济的效率和社会的公平。

政府包括狭义政府和广义政府，公共财政体制下，政府资金主要来源于税收，我国税收的理念是“取之于民，用之于民”，政府职能是提供公共产品和服务，满足人们的公共需求。政府和纳税人之间存在着委托代理关系。政府作为受托人，有责任向委托人报告受托责任履行情况，接受委托人的监督。同时，我国实行政治协商、民主监督的政治制度，各党派、人民团体与执政党荣辱与共，共同承担各项政治任务，其部分经费由财政供给，也应视为广义上的政府单位。因此，我国政府会计信息的披露主体应采用广义政府的概念。广义政府资金来源于公共资金，受人民委托提供所需要的公共产品，从受托责任角度来讲，广义政府整体作为受托主体，有责任向公众披露财务信息。人们需求的公共产品和公共服务是有层次性的，政府职能在纵向划分上也具有一定的层次性，不同的政府层级提供不同的公共产品和服务，同一层次的政府职能由不同的部门和单位来承担。和政府履行职能对相应的财权也有相应的划分。我国政府按分税制纵向划分为中央、省、市、县、乡五级预算管理体制，横向分为总预算单位和部门预算单位。每一个政府级次提供本级需要的公共产品和服务，履行本级政府职能，并获得相应的财权。因此，每一级政府整体都是报告主体。同一级预算级次中，政府的职能由不同预算部门或单位来履行，每个部门都是独立的经济实体，取得公共资源，履行政府受托责任，既是一个独立承担受托责任的主体，也是一级政府的组成部分。因此，作为独立的受托主体和本级政府的一部分，应披露其履职信息。同时，作为本级政府的组成部分，预算单位运用公共资源履行政府特定职能，政府的资金来源和使用受到预算立法的约束，理论上，只要受到限定的资产就必须单独进行会计核算，分别编制财务报告来披露基金筹集和运用的合规性信息。

根据公共财政理论和我国政府存在的委托代理关系，政府财务信息的披露主体应是广义政府整体、各级政府整体及运用公共资金履行政府职能的部门或单位及上述部门或单位中有特定限定用途的基金都是报告主体。国有企业以政府权益基金的方式，由政府进行报告。

7.1.2　我国政府会计信息的披露对象

政府会计信息的披露对象是指政府会计信息应向谁披露，即谁有权了解政府信息，政府有责任和义务向谁披露履职活动信息。国外对政府信息的披露，多是从政府财务信息的需求者开始，研究较多的是关于政府财务报告使用者的分析。根据Mark，et al.（2000）的总结，可根据逻辑推理的方法确定政府财务报告使用者，即规范方法，从政府会计报告责任出发，通过一定的标准界定是否存在报告责任，来界定政府会计报告的客体。Anthony（1978）从取得和使用资源的权利理论角度，确定政府财务报告的使用者包括五个类型：管制机构、投资者和债权人、资源提供者、监督机构和选民。

本书主要是用规范的方法，通过比较国内外政府会计信息披露对象的现状，从我国政府会计责任出发，理论上界定政府会计信息应向谁进行披露。

7.1.2.1　国内外政府会计信息披露对象的比较

美国政府会计准则委员会（GASB）确定了三种类型的报告使用者：公民集团，包括公民、纳税人、投票人和政府服务的提供者；立法和监督机构；投资人和债权人。而美国联邦会计准则咨询委员会（FASAB）在其概念公告《联邦财务报告目标》规定的信息使用者，比 GASB 增加了政府内部管理机构。国际会计师联合会（IFAC）公共部门委员会（PSC）将公众、投资者及债权人、立法机构、监督机构、专业分析人士、相关利益团体、资源提供者作为主要的政府会计信息使用者。在 IFAC-PSC 界定的报告使用者中，立法机构和其他管理机构是政府财务报告的主要使用者。澳大利亚会计研究基金（Australian Accounting Research Foundation，AARF）在澳大利亚政府会计概念公告中，从报告责任的目的和资源配置决策的需要角度，将政府报告使用者分为三类：资源提供者、商品和服务的提供者、执行监督检查和监督执行的团体。以上国外相关机构对政府财务报告使用者的界定，主要是从政府的会计责任及需求者的角度，来界定政府会计信息的披露主体。

我国现行政府预算会计制度中也明确了政府财务信息的使用者。如 1998 年实行的《财政总预算会计制度》第十二条规定："总预算会计信息，应当符合预算法的要求，适应国家宏观经济管理和上级财政部门及本级政府对财政管理的需要"。《行政单位会计制度》第十二条规定："会计信息应当符合国家宏观经济管理的要求，适应预算管理和有关方面了解行政单位财务状况及收支结果的需要，有利于单位加强内部财务管理"。《事业单位会计准则（试行）》第十一条规定："会计信息应当符合国家宏观经济管理的要求，适应预算管理和有关方面了解事业单位财务状况及收支情况的需要，并有利于事业单位加强内部经营管理"。从上述三个制度或准则的规定可以看出，我国现在的预算会计将各级领导机关、上级财政机关和事业行政单位领导作为财务信息的使用者，会计信息的披露对象是以政府预算管理和控制为导向界定的。这种界定方法有利于国家的预算管理和宏观控制，但没有充分体现政府的会计责任，不利于建立外部监督机制。

7.1.2.2 基于绩效导向的政府会计信息披露对象的界定

政府和公众之间存在委托代理关系，政府受托进行经济活动的目的是实现财政职能。政府通过资源的优化配置，提供更多的公共产品和服务，满足委托人的公共需要，来实现其职能，履行公共受托责任。张维迎（1996）认为，从信息经济学角度看，受托责任一经产生后，必然在委托方和代理方之间存在着信息不对称，通常，受托责任的承担方拥有信息优势，而受托责任的授予方则处于信息劣势。公众作为委托方，有权利要求政府对外报告反映其受托责任履行情况的信息；政府作为受托方，有责任对委托方进行报告。通过界定政府和委托人权责关系、解决信息不对称问题，来健全政府监督治理机制实现政府职能，实现委托人的最终利益，也充分实现政府会计的终极目标。

首先，从政府会计责任出发，提供符合体现政府活动高会计透明度质量要求、反映政府受托责任的会计信息，有利于委托人及利益相关者评价和解除受托责任的履行绩效情况，进行外部监督。同时，为了政府活动目标的实现，政府财务报告应有利于政府内部控制和宏观管理，为政府的绩效管理提供客观、全面的信息依据。公共财政体制的改革过程中，为了更好地体现政府的受托责任，建立完善的外部利益相关者的监督机制，提高政府的运行绩效，政府会计主体财务报告应树立双重导向观——兼顾政府外部信息使用者的需要和政府内部控制以及宏观经济管理的需要。双重导向观的建立，实质上是要将更多的政府财务报告利益相关者纳入到改革的参与者之中，这是保证改革效率和效果的重要前提条件[①]。两者出现冲突时，应以体现政府会计责任为主。

根据公共财政理论和委托代理理论，政府会计责任的对象应是政府资源的提供者、权力的提供者和政府活动的利益相关者。我国宪法规定，人民是权力的所有者，纳税人及政府债务资金的

① 王庆东，常丽．政府财务报告改革导向及其实现机制探索［J］．会计研究，2007（3）：89.

提供者都是政府资金的最终提供者，同时也是政府所提供公共产品和服务的接受者，有权了解政府资金使用的信息，监督政府的财务行为，评价受托责任的履行情况。因此，政府应对公众披露政府履职信息。

政府具有一定的层次性，我国财政预算管理实行“统一领导、分级管理”的体制，在中央和上级政府的领导下，分级管理、分级负责。政府内部也存在着广泛的受托责任关系，上级政府把部分资源和权力委托给下级机构，上级机构作为委托人及决策者需要了解和掌握下级政府的财务状况和运行结果的信息，以进行决策、履行对公众的受托责任。下级机构有义务向上级机构报告资金的取得和利用情况的绩效信息，以反映对上级部门的受托责任，有利于宏观决策和控制。同时，在每一个预算级次中，财政部门是预算执行的监督机构，本级人民代表大会是权力机构，是本级政府的权力委托方。

从委托代理关系角度分析，把政府财务报告对象分为广义政府外部报告对象和广义政府内部报告对象。广义政府内部的财务报告主要以满足政府内部控制和内部绩效管理需要。广义政府中，每一级次政府部门作为报告主体的披露对象，是本级政府、上级部门、本级财政部门和本级人民代表大会，执政党和具有参政作用的政协以及执行政府审计的国家审计部门；每一级政府整体的披露对象是上级政府、本级人民代表大会等。政府报告主体对外的财务报告对应着政府会计对外部委托人及利益相关者的反映、监督职能。政府通过提供对外财务报告，满足外部利益相关者了解和评价政府财务受托责任的需要，促进政府更好地履行受托责任。相对于广义政府内部的信息使用者，公众、债权人和其他利益相关者从其他渠道获得信息的能力较弱，更加依赖于政府公开渠道披露的信息，Boyne 和 Law（1991）认为，政府财务报告是社会公众可以获取的、关于政府财产保管责任的唯一综合性报告。因此，政府财务会计报告作为政府履行会计报告责任的义务，应更加注重对公众、债权人以及其他外部利益相关者的信息披露。

7.2 我国政府会计信息披露的内容及方式

政府受托从事经济活动，目的是为了履行政府职能，提供公共产品和服务，满足公共需求。完善的政府绩效治理有利于政府职能的实现，而信息的充分披露是实现政府信息治理的信息基础。从委托代理理论及政府绩效治理角度，政府披露的信息应符合政府信息透明的要求，反映政府经济活动及其影响的全貌。

7.2.1 我国政府会计信息披露内容现状

在我国现行预算会计制度体系中，财政总预算会计、行政单位会计和事业单位会计均规定了一套会计报表，包含了资产负债表、收入支出表及附表、会计报表附注和财务情况说明书。这些报表自成体系，分别编制，只对预算收支情况和执行结果进行强调，虽然实行汇总上报的会计制度，但并没有形成一套完整的反映各级政府资产、负债的合并会计报表，无法满足众多信息使用者的不同需求。同时，对会计报表附注和财务情况说明书也只作了简略的编制提示。现阶段，我国政府会计信息主要是面向各级政府财政管理部门、宏观管理部门、立法部门以及审计部门，提供的信息主要是与预算相关的资金收入和支出以及部分资产和负债。这些信息反映了政府行为的合规性，有利于预算管理，但没有反映政府活动的全貌和结果。严格来讲，我国尚未建立政府财务报告制度、没有对外披露政府财务报告，只是通过报刊、互联网等媒体发布预算报告（石英华，2006）。

7.2.2 基于绩效导向的我国政府会计信息需求

7.2.2.1 外部财务信息使用者的信息需求

从委托代理关系和政府绩效监督治理角度，外部委托人和利益相关者需了解政府履职活动过程全部绩效的信息，来评价政府履职期间的绩效，监督政府受托责任的履行情况。

政府的受托责任包括合规性受托责任和绩效性受托责任。合规性受托责任要求应提供预算收支及预算单位合规性的信息，向公众说明财政收支计划、对预算的遵从情况和执行情况，反映其控制的资源流量和存量。预算会计信息是政府会计信息的组成部分，因此，在政府综合财务报告中，为了全面反映政府的受托责任，需要提供较为完整的预算报告，在预算报告中应全面记录政府资金拨款使用的过程。每个国家都需要用预算会计系统来追踪和报告支出周期拨款和拨款使用阶段，如国际货币基金组织《财政透明度手册》中认为，政府向公众提供的财政信息必须包括包括中央政府预算和预算外的全部活动、以前两个可比年度的预算执行情况和对以后两个年度主要预算情况的预测等。

政府行为结果的绩效性受托责任，要求反映政府财务状况以及与政府履职活动相关的反映政府持续运营和服务能力的信息，公众通过评价以上反映政府行为和结果的信息来判断政府受托责任的履行情况。因此，外部信息使用者需要政府履职活动的全面活动信息，如政府整体财务状况、履职成本、负债的风险、提供服务的持续能力以及政府收支情况等。

7.2.2.2 政府内部财务信息使用者的信息需求

政府内部也存在的委托代理及相应的控制和监督关系。各级政府为了更好地履行对公众的受托责任，需要通过政府提供的与履职活动相关的财务信息来加强监督和管理，监控本级部门和下级单位的财政资金使用情况及绩效、政府资产管理和债务情况等。近几年来的“审计风暴”暴露出我国公共部门财务管理混乱，透明而全面的政府会计信息有利于加强政府内部财务绩效管理，减少和降低代理人的道德风险和决策中的逆向选择。另外，财政部门是政府财政资金使用的监督部门，需要了解各部门和政府单位财政资金的使用情况，根据政府履职成本信息调整支出结构和相关政策。立法机构和上级部门根据政府财务报告的负债信息，可以及时了解政府的财务风险，调节财政政策，防范和化解风险；根据政府财务报告提供的收入、成本费用、净资产的结构及增减变动情况，采取相应的改进措施。

7.2.3 政府会计信息披露的主要内容和方式

政府受托从事经济活动，目的是为了履行职能，提供公共产品和服务，满足公共需求。政府作为受托人及国家的管理机构，有责任对内外信息使用者披露政府履职信息，对外信息披露应具有公开性、法定性和可预见性。政府会计信息披露的方式，主要有通过国家预决算、政府财务报告和政府工作报告以及一些经济文件等方式。

7.2.3.1 通过政府预决算披露会计信息内容

政府预决算主要是披露政府履职行为的合规性信息。政府行为合规性信息包括政府预算内收支和纳入到预算管理的预算外收支是否符合预算的要求，其他没有纳入到预算的货币性收支是否与政府履职相关，政府的收支按收入来源及支出功能分类以后各项目的收支具体情况。

国家预算是政府的基本财政收支计划，是政府财政收支的计划安排或平衡表，具有一定的法定性，由立法机构批准的预算具有法定效力，是预算单位收支的依据。政府预算的执行是预算单位财政收支的具体筹措和使用过程，能够充分体现合规性。而决算是对国家预算执行的总结，有助于信息使用者了解预算及执行差异。政府预决算能反映政府活动的方向、范围与国家政策。公众和其他信息使用者能够通过政府预算预先了解国家财政政策、当年预计的财政收支计划以及政策意图。为了更好地体现政府政策及未来履职资源，应将未来年度政府预算及政策公开，公众通过预算和预算执行对比，可了解更多的政府履职信息。在西方国家，政府预算作为定期对外披露财务信息最公开的、主要的手段，也是公众了解和监督政府履职情况的主要信息来源。

一般来讲，预算报告分为预算主报告和附录。预决算内容应有助于说明政府的各种资源的使用用途以及是否按照批准的预算和法定要求使用。同时，政府预算及预算执行的内容应尽量包括体现政府所有职能的支出及政府收入的来源，在预决算中还应当解释预算及执行差异。

7.2.3.2　通过政府财务报告披露信息内容

财务报告就是按照一定的方法，将业已确认、计量、记录的会计对象进行汇总和对外传递的过程。政府财务报告的根本目的就是为报表使用者评价政府受托责任的履行情况提供信息依据，也是实现财政透明度的主要渠道。政府财务报告就是要提供满足政府会计信息使用者需要的信息，是信息使用者最综合、最完整的信息获得途径。

根据我国存在的委托代理关系及内外环境，我国政府财务报告的目标应界定为全面反映政府受托责任的履行情况，并且有利于政府内部宏观管理和控制需要。政府财务报告的内容应充分体现这一目标。为了全面反映政府受托责任的履行情况，政府应披露全部活动及影响。体现合规性的政府收支信息，体现绩效性的政府履职业绩信息，如相对各项政府履职产出来讲，成本费用的高低以及补充履职耗费的收入获得情况；政府本年度财务状况，如货币性资产、非货币性资产的总量及构成项目金额；政府的负债总额及构成项目金额，如各项流动负债和长期负债的信息以及未来履职能力的净资产等信息；具有特定限定性用途的基金，如权益资金的构成及收益情况，能否保值增值等信息以及社保基金运作方面的财务信息等。

政府会计货币计量的特点决定了部分政府活动及影响没有进入到政府会计核算系统，但应在政府财务报告中进行披露。因此，政府财务报告一般包括反映财务信息的财务报表和反映非财务信息的报表附注和说明。财务报表一般应包括反映某一时点政府会计主体财务状况存量报表，某一时期政府履职行为及影响的动态报表等。

7.2.3.3 其他披露方式及信息内容

政府财务信息除上述两种披露方式以外，还有一些其他方式，如经济文件和政府工作报告也披露一些政府履职的信息。相对前两种方式，这些文件中披露的信息较零散，缺乏系统性。

7.3 我国政府会计报告体系及内容设置

政府会计主体的对外财务报告是信息使用者获得信息的主要渠道，目的是通过提供符合一定质量特征要求的信息，反映政府受托责任的履行情况，满足信息使用者的需求。政府受托责任履行情况的反映是在信息使用者绩效评价的基础上实现的，绩效评价能否顺利开展取决于政府会计信息披露的透明性和内容的可靠性。因此，报表体系和内容的设置也应体现这一要求。

政府财务报告的内容通常包括规范的财务报表体系、管理讨论分析、报表附注等财务信息和非财务信息。财务报表也称为对外会计报表，是根据公认会计原则或会计制度，用一定规范表格的形式反映会计主体在一定时点上的财务状况和一定时期运营结果和现金流量状况的书面文件。基于绩效导向的政府财务报表主体应该包括下列报表：反映政府履职能力的财务状况表、反映政府履职绩效的政府履职业绩表、反映政府行为合规性及结果的现金收支流量表以及预算执行表。各级政府和单位编制和提供的报表应有一定的可比性，便于信息使用者对比分析。

7.3.1 政府组织层面的整体财务报表体系及内容设置

政府组织层面的财务报表是指以政府组织为报告主体对外报告时提供的报表资料。如前所述，政府组织具有一定的层次性，承担不同层次的受托责任，提供不同的产品和服务。目前，我国纵向划分为五级政府承担纵向分解的受托责任，在履行政府相应职责时控制和运用一定的资源。因此，五级政府作为组织层面报告主体中政府整体报告主体应对外报告。

7.3.1.1 政府整体财务报表生成程序及注意事项

政府整体报告主体是指每一级预算级次的各部门整体及所属辖区整体，具体报表生成按由下而上，先部门后汇总的方式，由乡一级次各部门汇总财务资料，上报县一级政府汇总，县级政府把所辖乡上报的报表和本级各部门汇总的报表进行合并，成为该级政府整体对外公布的报表，通过层层上报，来实现层层汇总。在汇总过程中，上级政府一方面能进行报表审核，对保障下级对外公布的信息质量具有一定的作用，另一方面通过政府整体报表的编制，反映不同地区差距，有利于国家宏观调控和管理。另外编制政府整体报表，能满足委托人对政府整体履职状况的信息需求。汇总过程中，对于某些重复处理的收支，应注意相互抵消。

政府整体财务报表具体生成程序，如图 7－1 所示：

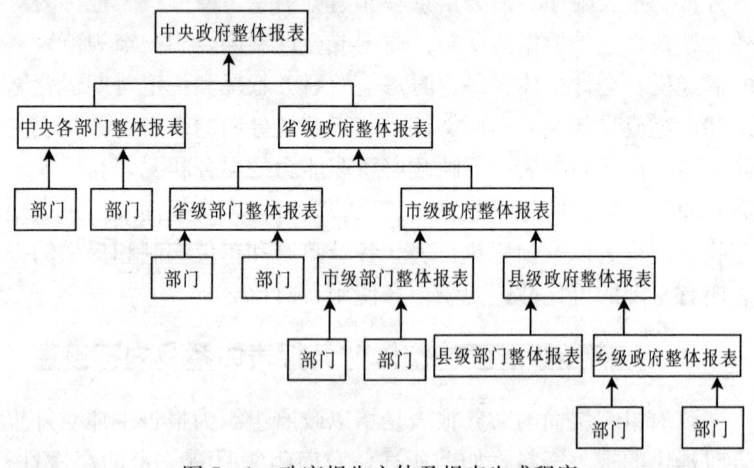

图 7－1　政府报告主体及报表生成程序

7.3.1.2 政府整体财务报表体系及内容设置

政府整体财务报表主要反映某一级次政府整体财务状况及履职业绩情况。为了完整地反映政府履职过程中的资源耗费及结果，反映其受托责任，需要对外提供以下报表：反映政府整体履职结果的财务状况表，反映政府履职业绩的政府履职业绩表，反映政府本级次财政总预算及预算收支执行表以及政府本级次的现金收支总表。除此之外，还要在每个报表后附报表附注，提供补充信息和非财务性信息。

（1）政府整体资产负债表的内容及报表附注。政府整体资产负债表是通过反映本级次各部门整体及本级政府整体在某一特定日期货币性资产、非货币性资产、负债、净资产总额及其构成，反映报告主体财务状况的静态报表。资产负债表的编制是按照货币性资产＋非货币性资产＝负债＋所有者权益的等式来编报的。货币性资产包括现金及等价物，非货币性资产包括其他流动资产和长期资产。其他流动资产包括应收款项、预付账款、有价证券、库存材料等。长期资产包括长期应收款、资本资产等种类。资产负债表的货币性资产要素和非货币性资产要素，根据本级次各部门上报的数额分类统计汇总，作为本级次各部门整体的数额对外报告。本级政府整体的各项资产项目，按照本级各部门整体和下级政府上报各资产项目汇总。负债按流动性负债和长期性负债来进行编报，以使委托人了解和评价政府的短期偿债能力和长期偿债能力。净资产项目按照限定性用途的净资产、权益性投资的净资产及非限定性用途的净资产来列示。

资产负债表附注是对资产负债表的补充说明，主要是用来解释报表生成程序、数据变动差异原因以及补充说明难以用货币计量的经济资源项目和潜在负债及存在的风险等。

（2）政府整体履职业绩表的内容及报表附注。政府整体履职业绩表是提供政府整体在一定会计期间内业绩结果的信息，包括政府在履职过程中由于提供服务或履行职能而应确认为本期的各项收入以及履行各项职能过程中发生的费用。该报表有助于信息使用者评价政府履行各项职能的成本费用情况，以此为基础评价履职效率，有利于政府履职的绩效评价。政府取得收入是费用的补偿，通过收入和费用比较，能够反映政府整体在特定时期履职产生的净资源增加或减少。收入应按类别分类反映政府不同活动带来的资产增加情况，费用按政府职能分类以反映履行不同职能的成本耗费。

为了完整反映政府履职行为影响，政府履职业绩表应该编制附表或附注来说明政府政策、职能的履行和实现情况，主要说明政府收入、费用变动差异产生的原因，履职过程中影响收入和费用变动的重要事项。对于具体项目，可以提供具体成本、收益、社会效益等指标来反映项目的具体影响。

（3）政府整体预算收支执行表内容及报表附注。政府预算收支执行表是反映政府行为是否符合预算规定，是履职合规性的反映。政府预算收支执行表包括预算收入、预算实际支出、预算执行结余项目，按照预算收入和预算支出的类别分类设置。职能类别下再按照不同的活动分类，以反映不同活动产生的耗费和影响，最后按经济性质不同进行分类，分为购买性支出和转移性支出，购买性支出包含人工工资、材料耗费等，转移性支出主要包括对政府外部无偿的补贴支出等，以反映政府活动对经济性和公平性的影响。

报表附注里主要说明预算收支及实际预算收支产生差异的原因及影响因素。

（4）政府整体收支表内容及报表附注。政府整体收支表即政府现金流量表，包括政府履职过程中的货币性收入、货币性支出、货币性结余三大项目，每类项目再具体分类。政府货币性收入按来源分为预算货币性收入、预算外货币性收入、其他来源货币性收入，每项收入中再按收入类别划分。政府货币性支出分为预算内货币性支出、预算外货币性支出、其他支出三大类别，每类再按职能分类，职能下按照具体项目或活动分类。

政府整体收支表附注主要用以说明影响收支变动的因素及政府政策等。

7.3.2　政府部门或单位层面财务报表体系及内容设置

政府部门或单位是政府组织的具体构成单位，受托履行政府具体职能，在履职过程中消耗一定的公共资源。政府部门的履职情况及结果直接关系到公众对特定公共产品和服务的需求满足程度，也关系到政府整体受托责任的履行情况。因此，作为具体履行政府职能的单位应对外公布财务报表，以反映受托责任的履行情况及结果，有利于外部委托人监督和上级部门管理和控制，促使政府部门或单位提高履职能力，提高资源的利用效率，实现政府会计的终极目标。政府部门或单位对外公布的报表应是其履职过程和结果的全面反映，具体包括资产负债表、履职业绩表、预算收支执行表以及部门现金收支表及相应的报表附注。

（1）部门或单位资产负债表。部门或单位资产负债表是反映政府具体部门或单位在某一特定日期财务状况的报表，内容包括货币性资产、非货币性资产、其他流动性资产、长期资产以及流动性负债和长期负债以及净资产。部门资产负债表是编制上级部门以及本级政府资产负债表的基础。

报表附注里可适当加一些解释性说明，如编制原则、处理基础等。

（2）部门或单位履职业绩表。部门或单位履职业绩表是部门或单位在一定时期履行特定职责时取得的收入及相应的耗费。部门或单位收入按来源分为预算内收入来源、预算外收入来源及其他来源；费用按职能分类，职能分类之下再按项目分类，以反映履行不同职能时的各种耗费。

报表附注里可披露具体职能履行情况、收入费用变动情况以及报表编制基础。

（3）部门或单位预算收支执行表。部门或单位预算收支执行表是反映部门预算收支执行情况的报表，是政府行为合规性的体现，主要反映政府实际收入、实际支出及各个项目的构成情况。报表附注里主要说明收支差异产生的原因及编制的基础。

（4）部门或单位货币现金收支表。部门或单位货币现金收支表主要反映部门和单位所有货币性资金的来源及实际使用情况，可以使公众更直接地了解政府履职中的货币现金收支状况和结果，体现政府的合规性行为。同时，货币性现金收支表和履职营运表对比分析差异，可以消除权责发生制带来的主观估计的影响，分析差异原因，评价政府全部绩效。附表里可以注明指出具体的用途、可能产生的作用等。

7.3.3 基金会计主体层面的财务报表内容

基金会计是指以具有特定限定性用途的资金流动及结果为会计核算对象，进行确认、计量、记录和报告的会计。理论上，政府公共资金均有一定的限定性用途，均应视为基金主体。但本书认为，以组织为会计主体，更能有利于政府整体绩效的提高，资源能够得到更优化的配置。我国基金会计作为政府组织层面会计主体的补充，主要是针对限定性用途很强、与特定委托人利益密切相关、政府预算里难以有效控制的权益基金、社保基金等。政府组织中需要设置何种基金进行单独核算，应统一规定。涉及基金会计主体的部门或单位对基金需要单独核算、单独报告，并由本级政府汇总本级次同类基金会计主体的报表资料，连同下级部门汇总上报的同类基金会计主体合并进行报告。基金报表也包括基金资产负债表、基金收支表及报表附注。

7.4 我国政府信息披露制度的重构

我国政府组织内外环境的变化，客观上要求我国政府规范信息披露，建立一套规范的财务报告制度，使政府整体和政府部门都能够遵循统一的财务报告规范，来报告、传递相关的政府履职信息，提高政府财政活动透明度，更好地与国际接轨。

7.4.1 政府财务报告强制披露制度

我国是社会主义国家，宪法规定，一切权力属于人民，但长期以来，我国一直实行高度计划经济、高度权力集中化政治制度，虽然市场经济体制已建立，但“我国还没有建立起一个健全的市民社会”，“民主的实质意义是人民的统治……民主的意义就是人民对政府的监督和制约。这种监督和制约只有在市民社会的力量足够强大时才能够发挥最大的效果。如果国家的力量过于强大而市民的力量极其弱小，那么人民对国家权力的制约很难具有实质性意义”①。

从国际经验看，政府财务报告是一种全面、系统的反映政府财务状况的核算方式，也是披露政府综合财务信息的一种规范途径，但在这种环境下，政府财务会计报告很难自觉面向公众、主动接受外部委托人的监督和制约②。我国迄今尚未建立规范的政府财务报告制度，代表人民行使权力的全国人民代表大会以及最终的委托人难以及时、全面地了解政府履职活动的合规性及绩效性财务信息，难以有效评价和监督，决策者难以做出正确的决策，政府的受托责任不能得到有效反映和解除。因此，建立基于外部监督机制的政府治理很难自觉实现，必须从法律上要求政府强制披露，采取定期财务报告制度。

当前发达国家通常是由立法机关颁布相关法律，强制要求政府编制和披露财务报告，通过政府财务报告准则体系规范技术性问题。

---

① 俞可平．增量民主与善治［M］．北京：社会科学文献出版社，2003：198.
② 李建发．政府财务报告研究［M］．厦门：厦门大学出版社，2006：199.

7.4.2 政府财务报告审计制度

政府财务报告是向最终委托人提供反映政府在财政年度受托责任的履行情况的信息载体，是受托方会计责任实现程度的体现，也是外部委托人获得信息的主要途径。财务报告的真实与否，直接关系到外部委托人的权利能否得到实现，委托代理关系中的信息不对称问题是否得到解决等问题。作为政府会计信息总体质量特征要求，真实性是否实现直接制约着委托人以政府绩效评价为基础的外部监督机制的建立。根据委托代理理论，委托方或受托方都是独立的经济利益主体，都有各自的行为动机，可能存在着一定的利益冲突，导致受托人存在着一定的经济人行为。政府财务报告缺乏真实性，无法使委托人真实了解政府受托责任的实际履行情况，以此为基础的外部监督缺乏了真实的信息基础，政府会计终极目标难以最终实现，达不到理想的善治状态。因此，政府报告审计作为一种外部力量是保证财务报告真实性、有效性的一种有效手段。政府财务报告审计通过对政府提供的报表信息和政府交易记录、账户进行检验、审查，能够比较有效地保障政府财务报告信息的真实性，提高报告信息质量的可信程度，使政府的对外报告能够客观真实地反映受托责任的履行情况。

我国承担政府审计工作的是国家审计机关，审计范围既包括同级其他政府部门，也包括下级政府及其所属部门，是政府内部监管的一个有效渠道。政府财务审计通过对政府报表和账簿、凭证进行对比分析，能够有效地保证报表的真实性，为政府内部管理者和上级委托人提供决策者所需要的真实信息，以此作出的决策才能有利于提高政府内部的绩效管理，实现政府会计终极目标。政府审计还包括政府行为合规性以及绩效性审计。合规性审计是评价政府机构在执行义务和责任时是否遵循预算法律和法规，促进政府行为的合规性，减少贪污腐败等现象。政府绩效审计是评价政府机构是否以一种经济、效率和有效的方式管理和利用其政府资源等，是对政府绩效性受托责任方面履行情况的审计，有利于客观评价政府履职结果性绩效。近几年，随着政府审计力度的增大，暴露出公共管理中存在的很多问题，如公共部门职务犯罪、公共支出缺乏有效控制、公共资金使用效率低下等问题，为政府管理部门加强财务管理提供了可靠依据，能够有利于决策者根据政府审计提供的客观信息进行正确决策，提高政府资源的配置效率，促进政府绩效，实现政府会计终极目标。

在现代企业中，为了保证报表信息的真实性，保护外部相关者的利益，国家相关法律制度规定对外报送的报表必须经独立的注册会计师审计机构进行审计，提供审计报告，出具的审计意见同报告一同对外披露。西方国家的政府财务报告也都必须由政府审计鉴证后才能向社会公布。美国政府财务报告审计经验是：政府和政府部门的财务报告都需经过美国责任总署（Government Accountability Office，GAO）审计，并且出具相应的审计报告，审计报告对被审计的财务报告给出相应的审计评价和审计意见。政府审计鉴证一方面保障政府会计信息质量内容的真实性，另一方面，通过政府审计部门根据合规性审计、绩效性审计结果出具的审计意见，有助于外部委托人以及内部委托人更清晰透明地了解政府受托责任的履行情况，有助于受托责任的真实反映和决策的有效性，并通过相互作用提高政府绩效。

因此，我国政府财务报告也可借鉴企业和西方国家，实行政府财务报告审计制度并出具审计意见一同对外披露，来保障委托人的利益，有助于解除受托方会计责任，使委托代理关系有效运作。

7.4.3　我国政府财务报告制度的实施路径

我国目前尚未形成财务报告制度。从委托代理关系及政府受托责任的角度，政府财务报告应强制性对外报告，以健全外部监督机制，提高政府履职绩效。但从政府会计改革的现实性及需求的迫切性角度，部门是执行政府职能的具体单位，部门和基层政府活动较简单，汇总压力较小，容易形成完整的对外报告；同时，部门或基层履职能力的好坏直接关系到政府整体的绩效。因此，政府财务报告可采取从下到上、从部门到整体逐渐实行对外报告制度，可在受托责任范围内通过公开网站或者一定的机构进行披露。

8　主要结论及改革的政策建议

在前文研究的基础上，本章首先对本书的一些基本观点进行总结，然后根据研究结论对我国政府会计改革提出相关政策建议。

8.1　研究结论

本书首先从政府存在的委托代理关系出发，结合多种相关理论对政府会计改革的基本理论问题进行了研究；然后，根据我国政府组织内外环境变化及对政府会计的影响，提出了我国政府会计改革的目标导向，并以此对我国政府会计改革的主要方面进行系统研究。得出以下结论：

（1）在市场经济中，由于民主制度，人民与政府存在着权利和资源的委托代理关系。一方面，政府对人民承担着履行政府职能的公共受托责任，另一方面，政府履行职能需要的资源主要来源于其依据人民赋予的公共权力所获得的税收及其他国家资源，即政府对人民承担“公共资源受托责任”和“公共权力受托责任”。政府承担的公共受托责任的解除，关键依赖于政府职能的履行程度及政府会计信息全面、科学的披露。

（2）政府和市场都是资源配置的手段，政府配置资源的目的是履行政府职能，即向社会提供公共产品和服务，以满足社会公众的公共需要。相对于社会公共需求，资源是有限的，要更好地履行政府职能，关键是提高政府配置资源的绩效。因此，本书认为我国政府会计应以为政府提高履职绩效，更好地履行政府职能服务为终极目标，并以此为导向进行我国政府会计的改革。

(3) 政府对人民承担的公共受托责任是政府会计存在和发展的基础。由委托代理理论、公共管理理论、政府绩效理论，分别形成政府会计信息需求的委托代理观点、公共绩效管理观点；政府会计信息不同的需求观分别对应政府财务报告提供信息的不同目标导向，即“报告目标”导向、“管理（控制）目标”导向；本书认为“报告目标”是“管理（控制）目标”的基础，是政府的首要会计责任，也是政府会计终极目标实现的关键。

(4) 政府会计在演进过程中，受到多种因素的影响，其中，政府组织内环境是决定政府会计发展变化的主要因素，组织外环境因素通过内环境起作用。根据对我国政府组织环境的分析，当前，我国政府会计改革应强调政府对公众的受托责任，强调“报告目标”，让更多的利益相关者参与到改革中，通过完善政府外部监督机制，促进政府内部的绩效管理和预算控制，即政府财务报告的“管理（控制）目标”，最终实现政府会计的终极目标。

(5) 政府会计终极目标的实现依赖于有效的政府会计体系，我国现行预算会计主体相互割裂、报告主体不完备、会计核算对象狭窄、在处理基础上以现金制为主，导致会计要素不能真实反映政府履职耗费。因此，现行预算会计体系不能满足建立“报告目标＋管理（控制）目标”的政府会计终极目标的要求。因此，应对我国现行预算会计进行改革，建立以实现政府会计终极目标为导向的科学的政府会计核算体系。

(6) 有效的政府核算体系应提供有利于内外信息使用者绩效评价所需的信息内容；在信息披露质量要求上，应强调真实性、相关性和明晰性。其中：真实性是总体质量要求，相关性和明晰性是关键质量要求，尤其对于政府报告的外部导向，明晰性是作用发挥的约束条件。

(7) 政府会计核算体系构建涉及三个关键的方面：会计主体的确立、会计对象及要素的划分以及处理基础的选择。会计主体的确立包括以政府组织作为会计主体、以政府组织中存在的基金作为会计主体以及两种主体同时并存三种方式。根据我国目前环境及有利于政府终极目标实现的目的，应选择双主体同时并存；会计核算对象及要素的划分需要考虑会计信息使用者对信息的需求以及会计货币化计量的特点；会计要素的范围及确认时间在一定程度上取决于会计基础的选择，包括现金制、修正的现金制、修正的应计制、应计制；每种选择所建立的政府会计可以满足不同的信息需求，选择应综合考虑和权衡各种因素以实现政府会计目标的需要。

（8）政府会计信息披露是政府作为受托方履行报告责任的体现，是政府内部绩效管理和控制的促进动因，同时也是公共财政的本质要求。根据我国政府组织存在的委托代理关系，本书确定我国各级政府整体、政府部门和单位以及政府组织中存在特定用途的基金都是我国政府会计信息披露的主体；披露对象应以体现政府会计责任及有利于政府终极目标实现来确定；披露内容取决于政府承担的受托责任内容，披露方式应以体现综合性、完整性的政府财务报告为主，并实行政府财务报告强制披露制度和政府财务报告审计鉴证制度，以保障我国政府会计目标的实现。

8.2 政策建议

根据本书研究的结论，结合我国实际情况，笔者对我国政府会计改革提出以下几点政策建议：

（1）合理界定和划分政府单位，科学构建政府会计主体的组成体系。对于纳入到我国政府会计主体的政府组织，应以是否掌握和使用公共资源、履行政府责任的非企业性单位作为判定的重要标准，以此重新构建我国的政府会计主体的组成体系。

（2）政府会计应是一个完整的系统。其中，政府财务会计系统是政府反映和监督职能的体现，是其他政府会计体系发挥作用的基础。因此，我国首先应建立政府财务会计，并完善有利于内部预算控制和成本管理发挥作用的其他政府会计体系。

（3）政府核算系统应提供全面反映政府受托责任履行情况的财务信息。政府预算执行是政府履职合规性及政府内部管理和控制的体现，是政府全面履职活动的重要组成部分。因此，政府财务会计所提供的信息应当包含预算及执行情况的合规性信息。

（4）政府会计处理基础应综合运用权责发生制和收付实现制。权责发生制的引入是政府会计改革的重要内容，不仅能够拓宽政府财务会计核算范围，也是强化政府履行绩效性受托责任的关键。但权责发生制基础的改革应当充分考虑我国的具体国情，应当采取循序渐进、稳步推进的改革策略。对权责发生制的引入应和体现政府行为合规性的收付实现制互相配合，在政府体系中应同时并存，相互协调发挥作用。

（5）应逐步建立健全我国政府财务报告制度，强化政府对外的会计报告责任。从报告主体上，应包括体现我国特色的政府整体报告；从报告对象上，应当更多地考虑外部利益相关者的权利和政府责任；从报告内容上，要注意政府结果绩效性信息和行为合规性信息的协调。除此之外，为了全面反映政府受托责任和提高信息的明晰性（可理解性），应在报表附注中适当地披露非财务性信息和报表数据的相关解释，并提供政府审计鉴证。从政府会计改革的现实性及需求的迫切性角度，政府对外报告制度可采取从下到上、从部门到整体逐渐推进的方式进行改革。

（6）我国政府会计改革应讲求策略，改革要受到政府及公众的认可，减少改革阻力；改革的进程应循序渐进，可采取分步骤、分项目、配套改革综合推进的过程。首先，在事业单位分类改革的基础上，统一政府会计主体；其次，在试点地区实施改革的基础上逐渐推广，同时完善相应的法律法规配套进行。

参 考 文 献

贝洪俊 . 2004. 新公共管理：基于绩效导向的政府会计系统 [J]. 财会研究 (5).

贝洪俊 . 2004. 新公共管理与政府会计改革 [M]. 杭州：浙江大学出版社 .

财政部国库司 . 2009. 政府会计的国际趋势与经验 [M]. 北京：中国财政经济出版社 .

财政部会计准则委员会 . 2005. 政府绩效评价与政府会计 [M]. 大连：大连出版社 .

常丽，何东平 . 2009. 政府与非营利组织会计 [M]. 大连：东北财经大学出版社 .

常丽 . 2007. 论我国政府财务报告的改进 [M]. 大连：东北财经大学出版社 .

陈纪瑜，陈友莲 . 2002. 我国政府预算与会计引入权责发生制的思考 [J]. 财政理论与实践 (5).

陈立奇，李建发 . 2003. 国际政府会计准则及其发展评述 [J]. 会计研究 (9).

陈立奇 . 2009. 美国政府会计准则研究：对中国政府会计改革的启示 [M]. 陈穗英，石英华，译 . 北京：中国财政经济出版社 .

陈全民 . 2006. 中国政府绩效审计模式研究 [D]. 中国农业大学 .

陈胜利 . 1999. 委托代理·受托责任·审计 [J]. 黑龙江财专学报 (1).

陈胜群，陈工孟，高宁 . 2002. 政府会计基础比较研究：传统的收付实现制与崛起的权责发生制，孰优孰劣 [J]. 会计研究 (5).

陈穗红，金介辉，石英华 . 2004. 论我国政府会计权责发生制的应用问题 [J]. 财政研究 (11).

陈小悦，陈立齐 . 2002. 政府预算与会计改革：中国与西方国家模式 [M]. 北京：中信出版社 .

陈小悦，陈璇．2005. 政府会计目标及其相关问题的理论探讨［J］. 会计研究（11）.

陈志斌．2003. 公共受托责任：政治效应、经济效率与有效的政府会计［J］. 会计研究（6）.

程祥国，韩艺．2007. 国际新公共管理浪潮与行政改革［M］. 北京：人民出版社．

程晓佳．2004. 财政透明度与政府会计改革［J］. 会计研究（9）.

邓子基，林志远．2005. 财政学［M］. 北京：清华大学出版社．

厄尔·R·威尔逊，苏珊·C·卡特鲁斯，里昂·E·海．2005. 政府与非营利组织会计［M］. 荆新，译．12 版．北京：中国人民大学出版社．

龚莉莉．2007. 我国政府会计改革的基本框架研究［D］. 河海大学．

国际会计师联合会公立单位委员会．2001. 政府财务报告：公立单位委员会第 11 号研究报告［M］. 财政部预算司，香港理工大学，译．北京：中国财政经济出版社．

亨利·I·沃尔克，詹姆斯·L·多德，米歇尔·G·迪尔尼．2005. 会计理论［M］. 陈艳，孙丽霞，译．大连：东北财经大学出版社．

荆新，高扬．2003. 政府会计基础模式：比较与选择［J］. 财务与会计（9）.

荆新．1997. 非营利组织会计准则理论框架［M］. 北京：清华大学出版社．

瞿曲．2006. 基于受托责任理论的内部审计若干问题研究［D］. 厦门大学．

李定清，罗勇，陈煦江．2009. 会计理论［M］. 上海：立信会计出版社．

李海波，刘学华．2001. 新编预算会计［M］. 上海：立信会计出版社．

李建发．1999. 政府会计论［M］. 厦门：厦门大学出版社．

李建发．2001. 论改进我国政府会计与财务报告［J］. 会计研究（6）.

李建发．2006. 政府财务报告研究［M］. 厦门：厦门大学出版社．

林钟高，赵德武，章铁生．2001. 会计信息目标的一种理论解读［J］. 财经科学（5）.

刘秋明．2006. 基于公共受托责任理论的政府绩效审计研究［D］. 厦门大学．

刘玉廷．2004. 我国政府会计改革的若干问题［J］. 会计研究（9）.

楼继伟，张弘力，李萍．2001. 政府预算与会计的未来：权责发生制改革纵览与探索［M］. 北京：中国财政经济出版社．

陆建桥 . 2004. 关于加强我国政府会计理论研究的几个问题 [J]. 会计研究 (7).

路军伟，李建发 . 2006. 政府会计改革的公共受托责任视角解析 [J]. 会计研究 (12).

路军伟，厉国威 . 2007. 新公共管理运动与政府管理会计的兴起 [J]. 财务月刊 (2).

路军伟 . 2006. 我国政府会计目标定位研究：基于会计职能和会计环境的双重视角 [J]. 石家庄经济学院学报 (6).

路军伟 . 2007. 基于公共受托责任的双轨制政府会计体系研究 [D]. 厦门大学 .

路军伟 . 2010. 我国政府会计改革取向定位与改革路径设计：基于多重理论视角 [J]. 会计研究 (8).

罗必良 . 2005. 新制度经济学 [M]. 太原：山西经济出版社 .

罗辉，谢昕，阮横俯 . 2002. WTO 和新公共管理视角下的我国政府改革趋势探析 [J]. 理论探讨 (1).

罗辉 . 2006. 改善和提高公共部门绩效的会计使命：关于建立公共部门管理会计的基本思考 [J]. 会计研究 (3).

秦荣生 . 1999. 受托经济责任理论与我国政府审计改革 [J]. 审计研究 (4).

全国预算与会计研究会课题组 . 2010. 政府会计主体界定研究 [J]. 财务与会计 (10).

尚红日 . 2001. 国家与政府：概念的再界定：兼论国家与政府的区别 [J]. 北方论丛 (3).

石英华 . 2006. 政府财务信息披露研究 [M]. 北京：中国财政经济出版社 .

王晨明 . 2006. 政府会计环境与政府会计改革模式论 [M]. 北京：经济科学出版社 .

王光远 . 2004. 受托管理责任与管理审计 [C]. 北京：中国时代经济出版社.

王庆东，常丽 . 2007. 政府财务报告改革导向及其实现机制探索 [J]. 会计研究 (3).

王玮 . 2010. 论我国政府会计报告主体的重新界定 [J]. 财会月刊 (5).

王雍君 . 2004. 政府预算会计问题研究 [M]. 北京：经济科学出版社 .

王雍君 . 2007. 支出周期：构造政府预算会计框架的逻辑起点：兼论我国政府会计改革的核心命题与战略次序 [J]. 会计研究 (5).
吴联生 . 2001. 会计目标：信息需求论 [J]. 财会通讯 (8).
吴水澎 . 2000. 中国会计理论研究 [M]. 北京：中国财政经济出版社 .
吴水澎 . 2007. 会计理论 [M]. 北京：机械工业出版社 .
邢俊英 . 2006. 政府负债风险控制：影响政府会计改革的重要因素 [J]. 会计研究 (9).
杨雄胜 . 2002. 会计本质：全球性诚信危机背景下的新思考 [J]. 会计研究 (11).
杨亚军 . 2011. 我国政府会计理论框架研究 [D]. 财政部财政科学研究所 .
姚宝燕 . 2010. 权责发生制政府会计改革问题研究 [M]. 厦门：厦门大学出版社 .
叶龙 . 2003. 新公共管理体制下政府会计理论体系研究 [D]. 大连：东北财经大学 .
岳公侠，赵建勇 . 2010. 政府会计理论与准则体系研究 [M]. 大连：大连出版社 .
詹雷，王成 . 2004. 政府特征与政府会计概念框架 [J]. 中南财经政法大学学报 (6).
张国庆 . 2002. 政府会计信息披露研究 [J]. 财税与会计 (1).
张国生 . 2005. 改革预算会计和构建政府会计体系的思考 [J]. 中南财经政法大学学报 (6).
张国兴 . 2008. 关于构建我国政府会计体系问题的研究 [J]. 会计研究 (3).
张娟 . 2010. 政府会计与企业会计概念框架差异与启示：基于 IPSASB 与 IASB 最新研究成果的分析 [J]. 会计研究 (3).
张琦，张娟 . 2009. 政府会计改革：问题、对策与建议：政府会计改革研讨会综述 [J]. 会计研究 (10).
张琦 . 2006. 论绩效评价导向政府会计体系的构建 [J]. 会计研究 (4).
张琦 . 2007. 我国政府会计主体与信息使用者 [J]. 财务与会计 (12).
张月玲 . 2009. 我国政府会计信息质量特征的构筑探讨 [J]. 会计之友 (5).
张曾莲 . 2009. 论三轨制政府会计体系的建设 [J]. 财会月刊 (3).

赵晖 . 2008. 转变政府职能与建设服务型政府 [M]. 广州：广东人民出版社 .

赵建勇 . 2008. 政府与非营利组织会计 [M]. 上海：复旦大学出版社 .

赵西卜等 . 2010. 政府会计信息有用性及需求情况调查报告 [J]. 会计研究 (9).

中华人民共和国财政部 . 2006. 企业会计准则 2006 [S]. 北京：经济科学出版社 .

周仁俊 . 1997. 关于会计目标的思考 [J]. 会计研究 (12).

David Coy, Mary Fischer, Teresa Gordon. 2001. Public Accountability: A New Paradigm for College and University Annual Reports [J]. Critical Perspectives on Accounting (12).

GASB. 1984. Concepts Statement No. 1: Objectives of Financial Reporting [S].

GASB. 1999. Basic Financial Statements and Management' s Discussion and Analysis for State and Local Governments [S]. Statement No. 34 of the Governmental Accounting Standards Board.

GASB. 2001. Codification of Governmental Accounting and Financial Reporting Standards 2001 - 2002 [S].

GASB. 2001. The Quick Guide to Local Government Financial Statements [Z].

GASB. 2003. Budgetary Comparison Schedules—Perspective Differences [S]. Statement No. 41 of the Governmental Accounting Standards Board.

George Kopits. 2000. Transparency in Government Operations [R] //A Paper Prepared for the Conference on Transparency and Development in Latin America and the Caribbean.

IMF. 2001. Governmental Finance Statistics Manual 2001 [M]. Washington.

James L. Chan. 2003. Changing Roles of Public Financial Management [C]. Public Management and Governance Routledge, London.

James. M. Patton. 1992. Accountability and Govemmental Financial Reporting [M]. Financial Accountability and Management (8).

J. D. Stewart. 1984. The Role of information in Public Accountability [M].

Issues in Public Sector Accounting. Oxford: Philip Allen.

Lüder, Klaus G. 1992. A Contingency Model of Governmental Accounting Innovations in the Political-administrative Environment [J]. Research in Governmental and Nonprofit Accounting (7): 99-127.

M. C. Jensen, W. H. Meckling. 1976. Theory of the Firm: Managerial Behavior, Agency Costs and Ownership Structure [J]. Journal of Financial Economics (4).

OECD. 1994. Performance Measurement and Results Oriented Management [N]. Public Management Occasional Papers (3).

Phillips J. K. 2004. An Application of the Balanced Scorecard to Public Transit System Performance Assessment. Transportation Journal (1).

Pollitt Christopher. 2000. Is The Emperor in His Underwear: An Analysis of the Impacts of Public Management Reform. Public Management (UK). June.

图书在版编目（CIP）数据

政府会计改革研究／李永珍，董雪艳，胡继连著.
—北京：中国农业出版社，2013.1
ISBN 978-7-109-17598-3

Ⅰ.①政… Ⅱ.①李…②董…③胡… Ⅲ.①预算会计-经济体制改革-研究-中国 Ⅳ.①F812.3

中国版本图书馆 CIP 数据核字（2013）第 014127 号

中国农业出版社出版
（北京市朝阳区农展馆北路 2 号）
（邮政编码 100125）
责任编辑 孙鸣凤

中国农业出版社印刷厂印刷 新华书店北京发行所发行
2013 年 3 月第 1 版 2013 年 3 月北京第 1 次印刷

开本：850mm×1168mm 1/32 印张：7
字数：220 千字 印数：1～1 000 册
定价：28.00 元